Bibel – Bilder – Biografie

Herausgegeben von
Gerhard Begrich
und
Matthias Hahn

RADIUS

ISBN 3-87173-294-X

Umschlag: André Baumeister
Gesamtherstellung: Clausen & Bosse, Leck
Printed in Germany

Inhaltsverzeichnis

Biblische Texte für kirchenferne Zeitgenossen

»Sie werden lachen, die Bibel!« Diese berühmt gewordene Antwort Bertolt Brechts auf die Frage nach seiner Lieblingslektüre gab noch in den siebziger Jahren den Titel für eine Rundfunkreihe ab, in der sich christliche Theologen einerseits und Atheisten andererseits zur Bibel äußerten. Dreißig Jahre später erscheint eine solche Sendereihe schwer denkbar, die Zeiten für die Bibel haben sich deutlich geändert, offenkundig wird sie selbst in intellektuellen Kreisen immer weniger gelesen und noch weitaus weniger in ihrem Anspruch und Zuspruch erfahren.

Der prominente Bibeldidaktiker Horst-Klaus Berg führt in seinem Grundlagenwerk »Ein Wort wie Feuer – Wege lebendiger Bibelauslegung« drei Gründe für die schwindende Bedeutung der Bibel im Geistesleben und im Alltag auf: Den ersten bezeichnet er als Relevanzverlust und meint damit, dass die Bibel nicht mehr als Nachricht aufgenommen wird, die eine Veränderung bewirkt, weil sie nicht mehr als lebensbedeutend und lebensbestimmend erfahren wird. Überdies komme die christliche Tradition in einer sprachlich und stilistisch greisenhaften Weise daher. Der zweite Grund liegt nach Bergs Ansicht im Evidenzverlust biblischer Texte, womit nicht nur die Barriere des antiken Weltbildes, das die biblischen Texte prägt, gemeint ist, sondern auch die Beobachtung, dass viele Menschen nicht mehr die Erfahrungen zu haben meinen, die in den biblischen Texten bedrängen und nach Antworten suchen und sie dort finden: Sünde, Vergebung, Gnade ... Kaum jemand mehr quäle sich heute mit der Lutherschen Frage herum: »Wie kriege ich einen gnädigen Gott?« Und dennoch suchen wir nach einer neuen Sprache für die Existenzerfahrungen, die hinter den alten Begriffen stehen. Eine dritte Barriere sieht Berg darin, dass in der Sicht der Kirchenfernen die Beschäftigung mit der Bibel ausschließlich im Binnenraum kirchlicher Frömmigkeit geschehe, in einem »Schrebergarten der Erbaulichkeit«. So werde aus der Bibel zunehmend ein überliefertes heiliges Buch ohne Wert und Verbindlichkeit für praktische Lebensorientierung.

Aber nicht nur die »Kirchenfernen« haben ihre Probleme mit den biblischen Texten. Als »Lese-Worte« seien sie zwar in christlichen Kreisen präsent, nicht jedoch als »Lebens-Worte«. Häufig seien die Texte langweilig geworden, überinterpretiert, ruhig gestellt. Sie seien in gewohnte Interpretationsmuster eingepasst, selten einmal aufregend und überraschend gedeutet. Der revolutionäre Gehalt vieler biblischer Texte sei konservativer und milder Erbaulichkeit gewichen. Kaum noch komme im christlichen Leben in den Blick, dass die biblische Botschaft im Widerspruch zu den Gesetzen dieser Welt steht. Die Bibel also: Ein bei Kirchenfernen vergessenes und bei Kirchennahen überfamiliäres Buch?

Wir meinen: Keineswegs. Gerade die Erfahrungen mit dem massiv politisch inszenierten Traditionsabbruch in Osten der Republik zeigen auf, dass die biblischen Bilder immer noch präsent sind. Nur: Sie sind als solche kaum bekannt. Viele sprechen davon, dass jemand wie David gegen Goliat kämpft. Auch in der atheistisch-agnostischen Tageszeitung »Volksstimme« finden sich sprachliche Hinweise darauf, dass Menschen in einem Exodus ihr Land verlassen müssen. Manche selbst ernannte Ungläubige oder Nichtgläubige glauben an ein Leben nach dem Tod (und neuerdings einige an ihre Wiedergeburt). Alle wissen: Die Ersten werden die Letzten sein. Und dass ein Ros' entsprungen ist, wird zu Weihnachten von vielen besungen.

So stellen wir in diesem Sammelband biblische Texte vor, die Eingang in die Sprache unseres Alltags gefunden haben, weil sie kulturgeschichtlich bedeutsam geworden sind. Dazu bringen die Autorinnen und Autoren anschauliche Zugänge aus Kunst und Literatur sowie ihre eigene biografische Verwicklung ins Spiel. Die Geschichte von Isaaks Bindung (und eben nicht Opferung) wird von Carsten Haeske auf der Folie des Attentats auf Yitzhak (Isaak) Rabin – Anfang der 90er Jahre Premierminister Israels – gedeutet. Ein Isaak, der tatsächlich abgeschlachtet wurde und dem blinden Fanatismus eines extremistischen Attentäters zum Opfer fiel. Susanne Drewniok nimmt den Durchzug durchs Schilfmeer zum Anlass, über den Umgang mit Erinnerung nachzudenken. Was bedeutet Erinnerung in der jüdischen Tradition? Wie kann man mit Kindern heute angemessen den Holocaust erinnern?

Frauke Büchner akzentuiert stärker die eigene Biografie und erzählt von ihrer Großmutter, der sie unter vielem Anderen auch dafür dankbar ist, dass sie ihr – erzählend – den Harfe spielenden Hirtenjungen David schenkte. Er gehörte – wie sie – zu einer großen Familie, von der die wichtigen Personen nicht da waren. Seine älteren Brüder waren im Krieg, doch gab es immerhin einen Vater zu Hause. Sie hatte nicht einmal den; denn die Männer in ihrer Familie waren alle bis auf einen in der NS-Zeit, im Krieg oder in der Kriegsgefangenschaft verloren gegangen. Gerhard Begrich erzählt von Jesaja, Sacharja und der messianischen Welt. In seiner Deutung: Der Traum vom Himmel auf Erden. Er erinnert an die Provokationen, die in den biblischen prophetischen Texten stecken: Die Welt ist uns nicht mehr bergendes Haus, wir haben das Zuhause verloren und Heimat ist uns zur Zukunft, zum Ort des Überlebens geworden, d.h. die Welt ist aus den Fugen. So wird die Geburt des göttlichen Kindes zur Hoffnung auf Heimat in dieser Welt. Aber der Tag wird kommen, an dem die zerfallene Hütte wieder aufgerichtet sein wird. Axel Noack deutet das Gleichnis von den Arbeitern im Weinberg, einem Himmelreichs-Gleichnis und er meint: Wir sollen vom Himmel reden, damit wir uns auf der Erde zurecht finden. Er diskutiert die großen Ansprüche, die dieses Gleichnis an Gerechtigkeit und Recht oder das Recht der Gnade stellt. Zwischen unseren Gerechtigkeitsvorstellungen und dem Vertrauen auf die Güte Gottes entdeckt er mit Luther eine Mittelstraße christlichen Lebens und Handelns. Helge Klassohn haben die gläubige Sachlichkeit und die Risikobereitschaft im Gleichnis vom Sämann so stark angesprochen, dass er es sich zur Interpretation ausgewählt hat. Nicht nur in Ostdeutschland brauchen wir in unserer Situation diese Unverzagtheit und Tapferkeit des Glaubens an die Gegenwart Gottes, um den Menschen an ihren Lebensorten das Evangelium zu predigen. Seine Deutung führt ihn ins Nachdenken darüber, was Mission heute bedeuten kann.

Sind alle diese Beiträge von evangelischen Verfasserinnen und Verfassern in ökumenischer Verbundenheit entstanden, wird das Buch abgerundet durch Ausführungen von Pater Athanasius Polag OSB zur Auferstehung Jesu. Auferstehung bezieht sich in seiner Deutung auf eine Sehnsucht, die tief in den Menschen verwurzelt ist. Auferstehung heißt für ihn die Erfahrung der Unzufriedenheit mit der Welt und mit dem Raum zwischen Geburt und Tod. Wem die Welt auf diese Weise zu klein geworden ist, findet in der christlichen Hoffnung auf die Auferstehung neue Heimat.

So finden sich in unseren Aufsätzen – die Ergebnis einer Vortrags- und Gesprächsreihe im Evangelischen Zentrum Kloster Drübeck sind – in unterschiedlicher Akzentuierung drei Gemeinsamkeiten: Die Texte werden über die eigene Lebens- und Glaubensbiographie erschlossen. Die Autorinnen und Autoren fragen, warum und wann ihnen etwas an diesem Text bedeutsam geworden ist. Sie zeigen auf, wo in der Kulturgeschichte es möglicherweise anderen auch so ging. Und sie bringen in der Regel ein Bildmedium, das den Text zu erschließen hilft. Was sie darüber hinaus eint, ist die Ansicht, dass dem eingangs von Berg beklagten Prozess des Relevanz-, Evidenz- und Realitätsverlusts biblischer Texte entgegenzuarbeiten ist.

Freilich wissen sie auch, dass die Bibel im Judentum wie auch im Christentum ihre Bedeutung nicht per Dekret gewonnen hat: »Hier ist ein vom Himmel gefallenes Buch, das hat Euch zu beeindrucken.« Nein, die Bibel selbst hat sich, wie Karl Barth es ausdrückte, »imponiert«, d. h. sie hat sich durch ihr eigenes Gewicht durchgesetzt und zum Maßstab gemacht. Die Bibel, darauf können wir vertrauen, schiebt sich von selbst nach vorne und nach oben. Unsere Auslegungen wollen in diesem Sinne Belege von Christinnen und Christen sein, denen es so gegangen ist, dass ihnen die biblischen Texte immer wichtiger geworden sind und sie wollen Mut und Vergnügen machen, sich auf Texte einzulassen, die nur noch bruchstückhaft im alltäglichen Diskurs vorkommen.

Kloster Drübeck, im Herbst 2004

Gerhard Begrich
Matthias Hahn

FRAUKE BÜCHNER

David und Goliat
1. Samuel 17

Autobiographisch, exegetisch, wirkungsgeschichtlich und bildbezogen will ich den Text zu erschließen versuchen:

DAVID, MEIN HELD

Die freundschaftliche Beziehung zu dem Harfe spielenden Hirtenjungen aus Bethlehem verdanke ich meiner Großmutter. Zwar kann ich mich nicht mehr an den Wortlaut ihrer Erzählungen erinnern, aber Bilder und Gefühle sind geblieben, einzelne Sätze habe ich mir gemerkt:

Mein David war zierlich gebaut, aber voller Kraft, hatte halblang gelocktes Haar, entschlossene Augen und eine klare Stimme. Er gehörte – wie ich – zu einer großen Familie, deren wichtige Personen nicht da waren. Seine älteren Brüder kämpften im Krieg, doch immerhin war der Vater zu Hause. Ich hatte nicht einmal den; denn unsere Männer waren alle bis auf einen während der NS-Zeit, im Krieg oder in der Kriegsgefangenschaft verloren gegangen. Mein David war ein wenig älter als ich und besaß ein Musikinstrument, während ich immer noch auf eine eigene Geige wartete. Er hatte bereits eine selbstständige Arbeit, das Hüten der Schafe. Mir war zum Überleben unserer Familie nur aufgetragen, Holz im Wald zu sammeln und am Bahndamm Kohle-Stückchen aufzulesen. Meine Arbeit war verboten, darum durfte ich mich der Erfolge nicht so öffentlich rühmen wie David, wenn er seine Schafe gegen Löwen und Bären verteidigt hatte.

Eines Tages wurde – nach Auskunft meiner Großmutter – David von seinem Vater zu den Brüdern an die Front geschickt. Er sollte ihnen geröstetes Korn bringen – auch das war mir vertraut –, dazu aber zehn Brote und Schafskäse für ihren Obersten. Der Vater wollte wissen, ob es den soldatischen Söhnen wirklich gut gehe, daher war ein Pfand als Lebenszeichen mitzubringen, für David eine gute Gelegenheit, selbst zu sehen, was an der

Front geschah. Glücklicher David – für mich blieb das, worüber die Frauen meiner Familie täglich weinten und nie sprachen, ein ängstigendes Geheimnis.

Als David ins Heerlager kam, wurde er Zeuge der Bedrohung. Einer der Feinde Israels trat gerade aus seiner Schlachtreihe hervor und bot sich höhnend zum Zweikampf an, der Philister Goliat aus Gat, ein Riese. Für meine Ohren war ein Zusammenhang zu hören zwischen Gat und Goliat, daher merkte ich mir beides.

Die Soldaten Israels duckten sich vor Angst beim Klang der Namen, nicht aber David. Der fragte nach der Belohnung, die auf das Bezwingen des Gegners ausgesetzt war. Doch da mischte sich Davids ältester Bruder ein und wies den Kleinen zurück. Dieser wehrte sich: »Ich habe doch nur gefragt.« Auch den Vorwurf, seine Tiere im Stich gelassen zu haben, nur um zu sehen, was an der Front geschieht, ließ der Junge nicht auf sich sitzen, schließlich hatte der Vater den Auftrag gegeben. – Wie ich diesen Knaben, der keine Furcht kannte und nichts Unrechtes auf sich sitzen ließ, liebte!

Während die ungleichen Brüder ihren Streit noch pflegten, sprach es sich bereits herum unter den Soldaten, dass da einer – gut ausgeruht und voller Mut – aus der Heimat gekommen sei und den Kampf aufnehmen wolle. So wurde David zum König geholt – welch ein Triumph! Doch als der König den Jungen sah, kamen Zweifel. David musste wortreich erklären, dass er längst arbeite wie ein Erwachsener. Er übertrieb dabei ein bisschen: »Wenn ein Bär oder ein Löwe ein Lamm holte, riss ich dem Räuber das Maul auf und nahm ihm die Beute unversehrt ab.«

Ob den König die Prahlerei überzeugte? Er scheint keine Wahl gehabt zu haben. Doch die Kleidung des Knaben muss Missfallen erregt haben. Nach Auskunft meiner Großmutter trug mein Held die abgelegten Kleider seiner älteren Brüder, was mir das Tragen eines ungeschickt veränderten Militärmantels erleichterte. Durch die Steifheit dieses Kleidungsstücks konnte ich aber auch nachempfinden, warum David die angebotene Rüstung ablehnte: Noch mehr Ballast am Leibe und er hätte sich überhaupt nicht mehr rühren können. Er wies auch das Königsschwert zurück, denn er besaß und beherrschte eine Steinschleuder. – Die großen Jungen in unserer Straße hatten manchmal auch solche Katapulte. Ich beneidete sie darum. Doch niemand aus meiner Familie half mir beim Nachbau, obwohl ich flehentlich darum bat. Meine Tanten verweigerten mir damals die Erfüllung dieses Wunsches wohl weniger deshalb, weil ich ein Mädchen war, sondern weil sie von jeder Art Waffen genug hatten.

Dass die Geschichte von David und Goliat eine reine Männersache ist, störte meine Kinderseele nicht. Meine Großmutter muss so erzählt haben, dass ich alle Personen mit mir verbinden konnte: Isai, den Vater Davids, stellte sie mir umsichtig und verlässlich vor, Eliab, den älteren Bruder meines Helden, rechthaberisch und unfreundlich, Saul, den König, besorgt, aber hilflos, Goliat, den Riesen, überheblich und tollpatschig. David anmutig und unerschrocken. Die Namen müssen in der Sprache der Großmutter so geklungen haben, dass sie meiner Phantasie als Rollenbeschreibungen dienten. Ich erinnere mich, dass ich manchmal im Spiel mit mir selbst nur den Namen rufen musste, um so wie der oder jener zu werden. Von allen Rollen war mir aber die des David am liebsten: Zu probieren, ob das Unmögliche zu schaffen ist, und alle inneren Kräfte zu mobilisieren, wenn es ernst wird, das wurden die Markenzeichen meiner Kindheit.

Eigentlich hatte ich in der Frauengesellschaft der Nachkriegszeit auch keine andere Wahl. Inmitten dieser hungernden und verletzten Gestalten war ich das strahlende Heldenkind, dem alles gelingen musste und darum auch gelang. So konnte ich mit Hilfe des unerschrockenen Isai-Sohnes als Vierjährige bereits Brot ohne Marken erbeuten und missmutigen Kindergärtnerinnen widersprechen. Später wagte ich es mit diesem Helden im Rücken, autoritären Lehrern zu widerstehen, und noch später, von alt gewordenen Professoren die Veränderung der Studienordnung zu fordern. Sogar gegen ungerechte Institutionen und strukturelle Gewalt half mir dieses Hirtenkind. Ich lernte die Worte wie eine Steinschleuder zu benutzen. Ich errang meine David-Siege und war stolz darauf.

Heute würde ich mir Sorgen machen, wenn mir ein Kind begegnete, welches so heftig gegen seine natürliche Angst agiert. Mich hat damals vor den großen Gefahren und vor der Verlassenheit bewahrt, dass meine Großmutter mir Davids Selbstvertrauen als eine Behütung durch Gott erklärte. Dadurch fühlte ich mich nie allein und hatte so etwas wie eine vor Verletzung schützende Haut. Zudem traf ich auf Bäckerinnen, Kindergärtnerinnen, Lehrerinnen, Professoren und Juristen, die das Schlimmste jeweils zu verhüten wussten – Gott sei Dank.

David nahm also seine Steinschleuder, suchte sich im Bachlauf fünf Kieselsteine und trat dem Riesen entgegen. Der spottete: »Was ist denn das für einer, der mit dem Stock auf mich zu kommt?« »Ein typischer Großer«, dachte David, »er schaut mich nicht einmal genau an und sieht nicht, dass ich keinen Stab, sondern eine Steinschleuder in der Hand trage.« Und so schrie der Kleine zurück: »Du stehst da und kannst dich kaum rühren in deiner Rüstung, ich aber komme mit Gottes Hilfe.« Das verwirrte den Riesen so sehr, dass er nicht merkte, wie David die Schleuder erhob. Von einem Kieselstein am Kopf getroffen wurde der Riese besiegt. Israel jubelte und die Feinde flohen.

Nach Auskunft meiner Großmutter bekam David – wie versprochen – eine Königstochter zur Frau, allerdings nicht die schönste, sondern die liebste. Und er fand bei dieser Gelegenheit den besten Freund seines Lebens, welcher ein Sohn des Königs war. Die David-und-Goliat-Geschichte meiner Großmutter ging also zu Ende, wie es sich für ein Märchen gehört. Seine innere Ordnung lag nicht nur an David und seinem Gottvertrauen, sondern auch an den anderen Figuren, die sich in der Rede meiner Großmutter klar und rollengemäß zeigten.

Erst als ich fast erwachsen war, las ich die Geschichte im Original – und fand, dass meine Großmutter etwas ausgelassen hatte. In ihrer David-Geschichte fiel der Riese – getroffen von dem Kieselstein – wie eine Pappfigur aufs Gesicht. Das glich dem Ende der Ballettstücke, die meine Mutter inszenierte. Da standen die Toten nach dem Ende der Vorstellung wieder auf, um sich zu verbeugen. So nahm ich das auch von Goliat an. Die Überwindung des Bösen hatte in meiner kindlichen Rezeption nichts mit der Wirklichkeit des Todes zu tun und konnte das Ansehen meines Helden David nicht in Frage stellen.

Im 1. Samuelbuch aber nimmt der Junge, der zuvor das Schwert des Königs abgelehnt hat, nach seinem überraschenden Sieg die schwere Waffe des Riesen und schlägt dem Widersacher Israels den Kopf ab. Als Trophäe präsentiert er das Haupt dem König. Das ganze Waffenarsenal des Besiegten bringt David in sein Zelt. Nun gibt es keinen Rückweg mehr in die Kinderwelt. Der Riesentöter betritt den Weg der Macht. Folgerichtig gerät er jetzt in die offene Konkurrenz zum König, den er zunächst wie einen zweiten Vater kindlich verehrt hatte. Anfangs wird der unerfahrene Hirte im höfischen Ränkespiel noch behütet von seinem Freund Jonathan und der Königstochter, später steht er allein. Als Erwachsener wird er weitere Erfolge haben, aber nie wieder so unbeschadet wie im Kampf gegen den Riesen: Er wird die Philister besiegen, aber seinen Freund im Krieg verlieren. Er wird die Königstochter heiraten, aber mit ihr eine scharfe Kritikerin an seiner Seite haben. Er wird sein Verlangen nach der schönen Frau eines anderen Mannes befriedigen können, doch ihren Ehemann in den Tod schicken und das erste Kind seiner zweiten Liebe verlieren. In der Politik wird David Erfolg haben, aber auch schützende Tabus brechen und schließlich unter den Machtkämpfen seiner eigenen Kinder leiden. In die Geschichte und Erzähltradition Israels wird er eingehen als einer, der Großes vollbringt und seine Verfehlungen erkennt, der bereut und Buße tut.

Mit ihrer Schlussszene, die all dies bereits ahnen lässt, ist die Geschichte von David und Goliat eine Erzählung von Erwachsenen für Erwachsene. Mich lehrte sie in dieser Form und zur rechten Zeit erkennen, dass meine Kindersiege vorbei waren. Schuldlos bin ich genauso wenig geblieben wie der biblische David. Auch das Vertrauen auf die eigene Unverletzlichkeit und Gottes wohlmeinende Begleitung ist nicht so ungebrochen geblieben wie zur Großmutterzeit. Aber – bis heute erinnere ich mich an ihre Antwort auf meine kindliche Frage, ob Gott auch die Riesen und Ungeheuer geschaffen habe. »Ja«, sagte sie, »aber der Schöpfer ist ein wenig größer als sie.«

Eltern, Großeltern und Kinderbibeln sollten den Kampf zwischen David und Goliat nicht gleich bis zum bitteren Ende erzählen. Ein Kind braucht zunächst seine schuldlosen Helden, um an ihrer Seite groß und stark zu werden. Doch es ist gut, wenn die Heranwachsenden später dann auch die ambivalenten Seiten ihrer Vorbilder entdecken. So können diese weiterhin die inneren Begleiter bleiben, nicht nur im Kampf gegen Ungerechtigkeit und Größenwahn von außen, sondern auch im Zurechtkommen mit der eigenen Hybris und Schuld. Doch da ist noch etwas: Mit zunehmendem Alter bin ich mit Goliat vertrauter geworden. Ich habe entdeckt, dass ich nicht nur David, sondern auch eine Riesin sein kann, und zwar nicht nur kurzzeitig wie in meinen Kinderspielen, wenn ich diese Rolle übernahm, weil sie gerade kein Anderer besetzen konnte. Nein, Goliat ist eine meiner Rollen geworden: In Auseinandersetzungen um richtige oder falsche Auslegungen, im Streit um Rechte und Pflichten, im Umgang mit

Vorgesetzten und Kollegen kann ich goliathaft meine Kräfte ausspielen, mich größer machen, als ich bin. Ich kann mich aufplustern und Angst einflößen, ich kann starr und unbeweglich werden. Aber – ich kann auch auf die Nase fallen, nicht nur wie eine Pappfigur, sondern wie ein Mensch, der Schmerzen spürt und sich schämt. Je älter ich werde, desto mehr Mitgefühl entwickle ich für die Goliats in mir und in meiner Umgebung, ohne ihnen bei ihrer Prahlerei immer Recht zu geben.

Manchmal kann ich jetzt David und Goliat zugleich sein. Ich kann das Gleichnis vom Kampf der ungleichen Gegner für mich deuten wie einen Traum, in dem zwei Personen vorkommen, die beide in mir zu Hause sind. Und dann gibt es noch etwas in meiner derzeitigen biographiebezogenen Lesung dieser biblischen Geschichte: Je stärker ich mein Alter wahrnehme, desto mehr freue ich mich über die anderen, die neuen Davids, die jetzt heranwachsen und Mut haben für all das, was ich mir nicht mehr zutraue.

EXEGETISCHE ENTDECKUNGEN IN UND UM 1. SAMUEL 17

Vielleicht wäre mir der tadellose Hirtenknabe irgendwann einmal langweilig geworden, wenn ich meine kindliche Rezeption der Geschichte nicht am Wortlaut der Bibel geprüft und erweitert hätte. Christliche, jüdische und muslimische Auslegungstraditionen haben mir zudem geholfen, immer wieder neue Verständnisebenen zu finden. Und dieser Prozess ist nicht abgeschlossen. In aller Kürze will ich andeuten, was mir zur Zeit wichtig erscheint:

Spannungen im Kontext

Das Kapitel 17 des ersten Samuel-Buches passt nicht in den Zusammenhang der vorangehenden Kapitel: Vor der Begegnung mit dem Philister war David bereits vom Seher Samuel, der auch schon Saul zum König gemacht hatte (1. Sam 15,1), als Thronnachfolger gesalbt worden. Unter den acht Söhnen Isais hatte Samuel gewählt, und zwar nicht nach dem, was vor Augen ist, denn dann wäre die Wahl auf Eliab, den Ältesten und Stattlichsten gefallen, sondern – ins Herz schauend – wie Gott. Diese Herzenserwählung war auf den jüngsten Isai-Sohn David gefallen (1. Sam 16). Als Saul nun immer erfolgloser und unberechenbarer wurde, holte man den (insgeheim bereits gekrönten) Isai-Sohn als Page an den Hof; er sollte den seelenkranken König mit seinem Harfenspiel beruhigen (1. Sam 16,19). So gesehen erscheint es seltsam, dass David nun (1. Sam 17,12ff) nicht vom Palast, sondern von zu Hause her aufbricht, um seine Brüder an der Front aufzusuchen. Der Text erklärt diese Unstimmigkeit mit der Bemerkung, der Junge sei von seinem Dienst am Hof öfter befreit worden, um die Schafe seines Vaters bei Betlehem zu hüten (1. Sam 17,15).

Erstaunlicherweise heißt es aber mehrere Kapitel später (2. Sam 21,19), als es um die Zeit geht, in der David schon offiziell auf dem Thron sitzt, Elhanan, der Sohn Jairs aus Bethlehem habe den Riesen Goliat aus Gat erschlagen. Sollte dem berühmten König David die Steinschleuder-Geschichte nur angedichtet worden sein, weil er insgesamt erfolgreich gegen die Philister agierte? Im 1. Chronikbuch, das die Geschichte Israels etwas königsfreundlicher darstellt, wird behauptet, David habe mit Goliat gekämpft, Elhanan aber habe einen ähnlich großen Bruder Goliats namens Lachmi erschlagen (20,5).

Ob David oder Elhanan der Riesentöter war, ob ein Riese oder zwei riesige Brüder erschlagen wurden, mich wundern diese Widersprüche nicht, denn an den Erzählungen der frühen Königszeit Israels haben viele Generationen mit unterschiedlichen Perspektiven gearbeitet. Entstanden ist ein facettenreiches Bild: Als Hirtenjunge ringt David zunächst mit Bären, Löwen und großen Brüdern, als Harfe spielender Page besänftigt er die Dämonen im Herzen des Königs und zuletzt besiegt er den Riesen. Die Doppelüberlieferung vom Kampf gegen den Riesen entzieht das Geschehen der Historisierung und zielt mehr auf die persönliche Aneignung durch jene, die Gründe haben, die Geschichte zu erinnern und zu erzählen.

Die Personen

Der Vater *Isai*, ein Kleinviehbauer, kennt sich aus mit dem Krieg. Er weiß, dass er den Vorgesetzten seiner Söhne günstig stimmen muss, wenn er diese lebend wieder sehen will, daher schickt er den Schafkäse ins Lager. Doch Isai will auch ein Lebenspfand von seinen drei soldatischen Söhnen als Kontrolle. Offenbar fürchtet er, dass der kleine Sohn sich betrügen lässt. Der Vater sieht die Grenzen seines Jüngsten, obwohl er ihn besonders lieb hat. »Liebling« – das bedeutet der Name *David*. Er wird es als bevorzugtes Kind in einer Geschwisterschar und mit einem solchen Vater nicht leicht gehabt haben. Die prophetische Tradition der Bibel hat den Namen Isai als »Wurzelstock« gelesen und verkündet, dass aus ihm einmal der Messias kommen werde, nachdem die David-Dynastie sich nicht dauerhaft bewährt hat (Jes 11,1ff). Von den sieben Brüdern Davids bekommen nur die drei Frontkämpfer einen Namen: *Eliab, Abinadab* und *Schima*. Es sind im Hebräischen wohlklingende Namen: Eliab bedeutet »Mein Gott ist (wie) ein Vater«, Abinadab »Mein Vater hat sich freigebig gezeigt« und Schima »Gott hat gehört«. Die Eltern müssen dankbar für ihre ersten Söhne gewesen sein, wenn sie ihnen solche Namen gaben. Doch was ist mit den anderen Vieren? Wären außer David weitere Brüder noch im Haus beim Vater gewesen, hätten diese geschickt werden können an der Stelle des Kleinsten. Aber vielleicht wussten die einen Erzähler der Goliat-Geschichte nur von vier namhaften Söhnen Isais, die anderen aber von acht und die Redaktoren wollten weder die Achtzahl noch die klingenden Namen verlieren?

Eliab spielt für David eine besondere Rolle. Von außen besehen hätte der Älteste dem kleinen Bruder für seinen Kurierdienst dankbar sein können. Doch das Rivalitätsspiel der Brüder, welches wohl durch die Bevorzugung des Kleinen innerhalb der Familie und bei der Wahl zum König bereits Nahrung erhalten hat, funktioniert auch an der Front. Der Ältere weist den Jüngeren bevormundend in seine Schranken. Der Kleine hält frech dagegen. Hier deutet sich Davids Kampf gegen Goliat bereits als familiäre Miniatur an.

Saul, der König, taucht am Anfang der Geschichte direkt im Heerlager auf, etwa 20 km westlich von Bethlehem am Hang eines Akazientales. Zunächst ist Saul also hier, kurz danach in seinem Palast zu finden. Das ist nicht ganz realistisch, aber – vom Ende der Geschichte her gesehen – gut erzählt, denn wo sollte ein König einen Sieger besser ehren als auf der eigenen Residenz. Diese verlegt der Erzähler von 1. Sam 17 schon nach Jerusalem (17,54), obwohl die Stadt zu dieser Zeit noch gar nicht erobert war. Hier hatten vielleicht spätere Generationen ein Interesse daran, das Haupt Goliats wie ein staatsgründendes Reliquienstück von Anfang an in der späteren Hauptstadt Israels zu wissen.

Der Name des Königs klingt im Hebräischen eher wie »Scha'ul« und bedeutet »der Erbetene«, ein häufig vergebener Name, der das lange Warten der Mutter auf das Kind spiegelt. Bei Scha'ul lässt sich das Erbetensein auch auf sein Verhältnis zum »Volk« beziehen, denn dieses hatte in einer schwierigen außenpolitischen Lage von Gott einen König »erbeten«. Dieser Erbetene und erste Gewährte war Saul. Dennoch blieb seine Regentschaft überschattet vom immer aussichtsloser erscheinenden Kampf gegen die Philister und von zunehmender innerer Zerrissenheit.

Goliat soll sechs Ellen und eine Spanne lang gewesen sein, also über drei Meter, ein wahrhaftes Ungeheuer. Die Beschreibung seiner Rüstung und seiner Waffen passt nicht mit dem zusammen, was aus dieser Zeit sonst bekannt ist, aber die Darstellung beeindruckt: ein Schuppenpanzer von 82 Kilogramm, eine Lanze, deren Spitze allein 10 Kilogramm wiegt. Sein Schild muss ein Diener vor ihm her tragen. Auch dieser kann nicht klein gewesen sein.

Der Name Goliat klinge hethitisch oder lydisch, so ist es in christlichen Kommentaren zu lesen. Die rabbinische Auslegungstradition bringt den Namen des Riesen mit einer hebräischen Wortkombination des Textes in Verbindung; »gillat panim« wird von Goliat gesagt, er habe (Gott) ins Angesicht hinein geschmäht oder mit frechem Gesicht (vor Gott) gestanden. Goliat gehört zu dem Volk der Philister, die ungefähr zur gleichen Zeit wie die hebräischen Stämme ins Gebiet zwischen Mittelmeer und Totem Meer eingewandert waren und im Bereich des heutigen Gazastreifens mehrere Stadtkönigtümer begründet hatten. Sie waren Fachleute in der Eisen-Schmiedekunst, was ihnen militärische Überlegenheit verschaffte. Mit diesen Konkurrenten im Land hatte der entstehende Staat Israel offenbar die größten Schwierigkeiten. Die Erzählung von David und Goliat erwähnt, dass die Philister sich nach der Niederlage ihres Vorkämpfers nicht – wie angekündigt – ergaben, sondern zu fliehen versuchten und von den hebräischen Kriegern bis nach Gat und Ekron verfolgt wurden. Das Gemetzel soll furchtbar gewesen sein. Dennoch berichten spätere Kapitel von erneuten Auseinandersetzungen zwischen hebräischen und philistäischen Heeren. Andererseits wird im späteren Kontext erzählt, David habe sich vor den tödlichen Nachstellungen Saul zu den Philistern nach Gat geflüchtet und dort Asyl gefunden (1. Sam 21,11ff). Bei dieser

Gelegenheit habe David die Kunst des Eisen-Schmiedens erlernt und dadurch die Philister vollends besiegen können.

Die Geschichte von David und Goliat zeigt sich – im Zusammenhang der genannten Namen und Orte betrachtet – nicht nur als eine allgemein menschliche Heldengeschichte, sondern auch als eine Sage, welche behauptet, dem Riesen Philistäa sei damals im Akaziental bei Bethlehem ein für alle Mal »der Kopf abgeschlagen« worden. Offenbar war es nötig, immer wieder eine solche Geschichte gegen die Angst vor der eigenen Vernichtung zu erzählen.

»Im Namen des Herrn«

Welche Rolle spielt Gott in dieser Erzählung? David spricht einmal von ihm, als er fragt, wer dieser Krieger sei, der die Schlachtreihen »des lebendigen Gottes« verhöhnen darf, und dann noch einmal, als er dem Spötter tatsächlich entgegen tritt. Da sagt der kleine Hirte, er komme »im Namen des Herrn, des Gottes der Schlachtreihen Israels«. Das ist kein allmächtiger, über der Welt schwebender und alles lenkender Gott, sondern einer, den David auf seiner Seite weiß.

Doch auch Goliat steht nicht unbehütet da, zumindest verflucht er seinen kleinen Gegner bei den Göttern von Gat. Mit deren Macht rechnet er, aber auch die Erzählung scheint diese Götter zu respektieren. 1. Sam 17 ist kein monotheistischer Text. Er wäre gegen seine eigene Redeweise und Theologie interpretiert, wenn wir ihn zum Anlass nähmen, religionsphilosophisch nach der Gerechtigkeit des einen Gottes zu fragen oder gar die göttliche Allmacht oder Friedlichkeit in Zweifel zu ziehen. Der Gott Davids steht in 1. Sam 17 deutlich auf der einen Seite des Kampfes und hat offenbar Konkurrenten. Die Kriege und Zweikämpfe seines Volkes scheinen ihn etwas anzugehen. Umso mehr verblüfft, wie dezent er darin vorkommt.

Je monotheistischer die jüdische Theologie wurde, desto weniger konnten die Götter Goliats als machtvoll neben JHWH angesehen werden. Daher interpretierten die Rabbinen und in ihrem Gefolge auch die Kirchenväter den Riesen als unwissenden Handlanger Gottes. Gott lasse den Philister lästerliche Reden führen, damit sich in David durch den Spott des Gegners ein starkes Gottvertrauen bildet. Und dieses solle auch bei all denen wachsen, die jene Geschichte lesen.

1. Sam 17 ist im Originaltext sperrig und eignet sich auch in der deutschen Übersetzung nicht zum Vorlesen. Aber vielleicht ist es sein geheimer literarischer Auftrag, dass er von jeder Generation nacherzählt werden soll, mit Auslassungen und Weiterführungen. Dabei muss und kann auch jeweils die Gottesfrage wieder neu gestellt werden. Juden, Muslime und Christen haben dazu ihre eigenen Rezeptionen:

Der Lästerer und der Liebling – Goliat und David im Judentum

Juden und Jüdinnen, die Hebräisch verstehen, hören zusammen mit den Namen der beiden Protagonisten bereits die Rollenverteilung: Goliat ist der »Lästerer« und David der »Liebling«. In jüdischen Geschichtsbüchern erscheint in der Regel David als der Lieblingsregent. »David, der König Israels lebt und besteht« heißt es bis heute im Neumondsegen. Die Fahne des modernen Staates Israel trägt den »Magen David«, das legendäre Zeichen des Schilds dieses Königs.

Er regierte – nach den biblischen Quellen – insgesamt 40 Jahre, davon siebeneinhalb in Hebron, den Rest in Jerusalem, der Jebusiter-Stadt, die er für die hebräischen Stämme eroberte. Ihm werden politische und menschliche Erfolge zugeschrieben, aber auch Verfehlung und Misslingen. Dabei gilt die Tötung Goliats nicht als Verbrechen. Als schuldhafte Taten werden ihm aber die Verführung Bathsebas und der Mord ihres Ehemannes angerechnet. Da David dieses Unrecht einsah, bereute und büßte, konnte er, ohne dass seine schlimmen Seiten vertuscht werden mussten, als Vorbild für alle ihm nachfolgenden Könige Israels gelten. Bußfertigkeit wird in der jüdischen Tradition als königliche Tugend gelehrt.

Über den Lästerer und den Liebling gibt es Moritaten und mehrstündige David-Opern, Gedichte und Bilderbücher in der jüdischen Tradition und im heutigen Israel. David wird dabei nicht nur mit vorbildlichem Gottvertrauen dargestellt, sondern auch als Prototyp des Widerstandskämpfers gegen unrechte Macht und fremde Unterdrückung. So verwundert es nicht, dass der große Staatsmann David Ben Gurion schon 1961 eine Situationsbeschreibung des Staates Israels veröffentlichte unter dem Titel: »David und Goliath in unserer Zeit«. Er stellt darin den Mut, aber auch die Schutzbedürftigkeit der jungen Israelis heraus. Als sich Israel 1967 im Krieg gegen fünf arabische Staaten behaupten konnte, diente das Paradigma vom klugen David gegen den großen Goliat als Selbstbestärkung in der unsicher gebliebenen politischen Situation. Noch heute, da die Israelis sich von großen muslimischen Staaten außen und durch palästinensische Attentate im Inneren bedroht sehen, spielt das Bild vom kleinen jüdischen Davidstaat, der durch muslimische Goliat-Gewalt bedroht ist, eine Rolle, doch der Ton ist nicht mehr so unbefangen wie in den 60-er Jahren. Gelegentlich ist die Frage zu hören, wer eigentlich heutzutage schutzbedürftig sei.

Sam 17 wurde nicht als Lese- und Predigttext für den synagogalen Gottesdienst aufgenommen. Dennoch gibt es narrative Auslegungen, sogenannte Midraschim. Interessant für die Einschätzung des jüdischen Bildes von Goliat ist ein Midrasch zu seiner Herkunft: Im biblischen Buch Rut ist zu lesen, die beiden Moabiterinnen Rut und Orpa hätten zwei hebräische Brüder geheiratet, seien mit diesen ins Moabiterland gezogen und dort Witwen geworden. Orpa sei nach dem Tod ihres Mannes nicht mit Rut und der Schwiegermutter ins Herkunftsland der Brüder zurück gezogen, um dort ihr Versorgungsrecht einzuklagen, sondern sei im Moabiterland geblieben. Der Midrasch erzählt nun darüber hinaus weiter: Als verwitwete und verlassene Frau sei Orpa dort von vielen Männern vergewaltigt worden. Diese Sage passt zusammen mit der ansonsten erstaunlichen Nachricht (1. Sam 21,11ff), David habe, als er vor Saul flüchten musste, in Gat Asyl erhalten. Möglicherweise konnte der Enkel Ruts sich ja auf die Beziehung zwischen seiner Großmutter und Orpa berufen. Wenn jüdische Ausleger/innen diesen Midrasch zur Interpretation von 1. Sam 17 hinzu ziehen, dann ist Goliat meist nicht mehr nur der Schmäher. Er hat plötzlich eine tragische Herkunft, die mit Davids Familie verbunden ist. So rücken die beiden Kontrahenten sehr nahe zusammen. Da die heutigen Palästinenser sich als Nachkommen der Philister definieren, sehen nachdenkliche jüdische Kommentatoren im Spiegel der Orpa-Goliat-Tragödie auch das Bruderkrieghafte des heutigen Konflikts.

»Wenn Allah die Menschen nicht im Zaum hielte ...« – David und Goliat im Islam

Auch im Koran ist die Geschichte vom Kampf des Kleinen gegen den Großen zu finden. Sie beginnt mit dem Versuch Sauls, der dort Talut heißt, die Philister endgültig zu besiegen. Offenbar sind einige Niederlagen voran gegangen. Daher greift der König und Feldherr zu einer vorletzten Kriegsweisheit, zur Reduktion der Truppe: Sure 2, 249-251.

»Und als Talut mit den Heerscharen auszog, sagte er: Wahrlich, Allah wird euch an einem Fluss prüfen. Wer aus ihm trinkt, gehört nicht zu mir, und wer nicht davon kostet, der gehört wahrlich zu mir, außer dem, der (nicht mehr als) eine Handvoll mit seiner Hand daraus schöpft.« Wir kennen diese Maßnahme auch aus der Bibel. Dort wird sie allerdings dem Feldherrn und Richter Gideon zugeschrieben. Im nahezu aussichtslosen Krieg gegen die Midianiter reduziert er die Größe seiner Truppe durch die Unterscheidung zwischen denen, die das Wasser wie ein Hund lecken, und denen, die mit der Hand schöpfen. Auf diese – völlig unstrategische Weise – legt der Feldherr den Ausgang des Kampfes ganz in Gottes Hände. Gideon nimmt allerdings, anders als Talut, die Wasserschlürfer und nicht die zurückhaltenderen Wasserschöpfer. Vom Vorzug der Enthaltsamen gegenüber den Gierigen in kriegerischen Situationen ist in der biblischen Erzählung keine Rede.

Nach Auskunft des Koran tranken fast alle Soldaten von Talud (oder Saul, wie wir ihn nennen) von dem Wasser außer einigen wenigen. Diese Wenigen werden für den Kampf gegen Goliat und seine Truppen als »Gläubige« auserwählt. Wörtlich heißt es:

»Und als sie den Fluss überquert hatten, er (Talud / Saul) und diejenigen, die mit ihm gläubig waren, sagten sie: Wir haben heute keine Kraft gegen Goliath und seine Heerscharen. – Doch diejenigen, die eingedenk (oder beherzt) waren, sagten: Wie oft hat nicht eine geringe Schar über eine große Schar gesiegt mit Ermächtigung Allahs. – Und: Allah ist mit den Standhaften. – Und als sie gegen Goliath und seine Heerscharen in den Kampf zogen, beteten sie. Unser Herr, wappne uns mit Geduld und festige unsere Schritte und hilf uns gegen das Volk der Ungläubigen. – Und sie schlugen jene mit Ermächtigung Allahs; und Dawud (das ist David) erschlug Goliath; und Allah gab ihm die Herrschaft und die Weisheit und Er (Allah) lehrte ihn, was (immer) er wollte. Und wenn Allah nicht die Menschen in Zaum halten würde, die einen durch die anderen, dann wäre die Erde wahrhaftig von Unheil erfüllt. Doch Allah ist voll der Güte gegen alle Welt.«

Das klingt wie eine monotheistische Interpretation der alten biblischen Erzählung. Nur noch der eine Gott ist für die ganze Welt denkbar, daher sorgt er auch für alle. Mich lässt dieser Korantext staunen: Um Geduld und festen Schritt bitten die Soldaten. Auf die inneren Kräfte kommt es offenbar beim Kampf gegen Großmächte an. Verblüffend finde ich auch, wie der Sieg des Kleinen gegen den Großen in den allgemeinen Kontext der Interpretation von Geschichte gestellt wird: Gott halte die einen Völker durch die anderen in Zaum, sei dabei aber voller Güte gegen beide, ja gegen alle Menschen. Auch wenn David besondere Weisheit (Sure 1,251; 38,20) zugesprochen wird, dazu Urteilskraft und Wissen (Sure 21,28f; 27,15), auch wenn ihm die Verfasserschaft des Psalmenbuches (zabur) zugetraut und dies als Offenbarung angesehen werden kann, auch wenn er zu den Propheten Allahs gezählt ist, so bleibt doch Davids Macht wie alle Herrschaft der Welt relativ. Auch der große König und Prophet kann und muss durch Andere kritisiert werden. (Sure 38,22-25).

Palästinensische und israelische Lesarten?

Als die Römer ungefähr 1000 Jahre nach den Ereignissen, denen wir die Geschichte von David und Goliat verdanken, zwei jüdische Aufstände im Bereich zwischen Jordan und Mittelmeer nieder geschlagen hatten und im Jahr 135 nach Beginn unserer Zeitrechnung Israels Einfluss in dieser Provinz ein für alle Mal beseitigen wollten, tilgten sie die Namen Israel und Juda, indem sie das Land nach dem ärgsten Feind der Juden benannten: Philistäa, latinisiert zu Palästina.

Niemand weiß, ob es in dieser Region zur Römerzeit noch direkte Nachkommen jener Philister der Goliat-Zeit gab. Aber heutzutage, etwa 3000 Jahre später, nennen sich ungefähr 4 Millionen derjenigen Menschen im Land zwischen Mittelmeer und Jordan, die nicht israelische Staatsbürger geworden sind und nicht von den anliegenden arabischen Staaten aufgenommen wurden, »Palästinenser«. Sie wollen einen palästinensischen Staat gründen. Unter ihnen sind überwiegend Muslime, aber auch Christen.

Ich wüsste gern, wie muslimische und christliche Palästinenser/innen die Goliat-Geschichte im Koran und in der Bibel lesen. Ihr Volksname kommt darin ja nicht in einer erfreulichen Weise vor. Machen sie aus dem kleinen David den Palästinenser Arafat und aus dem Riesen den Juden Scharon? Ich vermute, dass sie es nicht tun. Erstens ändert man nicht den Sinn einer Koran- oder Bibelstelle diametral, auch dann nicht, wenn er für die Gegenwart rätselhaft oder ärgerlich sein sollte. Die teilweise umkehrende Lesung nähme dem Koran-Text ja auch die Pointe seines Schlusses, der sagt, Allah sei voll der Güte gegen alle Welt.

Das israelische Volk könnte sich wie das palästinensische der Weisheit dieser Koranstelle anvertrauen und sich wenigstens einmal probeweise der Bezähmung und Kontrolle durch das je andere Volk aussetzen. Beide könnten sich dabei aufbewahrt und geschützt wissen in den Händen ihres Gottes, welcher auch der Gott der Völker ist. Das wäre für das politische und alltägliche Leben – in zwei Staaten auf engem Raum mit Siedlungen des anderen Volkes im eigenen Land – ein religiöses Paradigma, das nicht auf Differenz und Konkurrenz zielt. Ganz unerhört scheinen solche Überlegungen nicht zu sein. Im vergangenen Jahr hat sich z. B. eine Gruppe von jüdischen, christlichen und muslimischen Intellektuellen in Genf zusammen gefunden, die noch einmal bedenken und mit ihren Mitteln aktiv bearbeiten wollen, was Politikern, Generälen und Attentätern bisher nicht gelungen ist: Die Genfer Gruppe will einen Lebens- und Friedensplan für diese in vielerlei Machtspielen missbrauchte Region entwickeln. Es ist ein David-Unternehmen gegen Depression und Goliat-Gewalt, das könnte eine interreligiöse und interkulturelle Weitererzählung der alten Sage vom Riesen und seiner Überwindung ergeben.

DAVID UND GOLIAT IM BILD

Lange habe ich nach Bildern zu dieser Geschichte gesucht. Mein Problem war nicht, dass ich keines gefunden hätte, im Gegenteil. Es gibt mehr Darstellungen, als ich fassen kann. Doch keines der David-Bilder passt zu dem Held meiner Kinderphantasie. Ich habe bei der Sichtung der Kunstwerke gemerkt, dass ich eigentlich auch gar kein Bild von außen her zusätzlich zu dem, welches seit meinen Kindertagen tief in meinem Inneren sitzt, haben möchte. Leichter fiel es mir, Bilder zu akzeptieren, die sich das Ende der Geschichte vornehmen, welches meine Großmutter mir nicht erzählt hat. Zwei solcher Schluss-Bilder scheinen mir heute bemerkenswert:

Otto Dix, David und Goliat – 1915
Die Federzeichnung stammt aus dem Jahr, in dem der Künstler Soldat im Ersten Weltkrieg wurde.

Erst nach einer Weile des Betrachtens lassen sich unter den vielen Tusche-Strichen die beiden Gestalten erkennen: Der liegende Goliath hebt sich kaum von den Gesteinsbrocken seiner Umgebung ab. Eine Rüstung ist nicht zu sehen, aber Muskelmasse und ein mächtiger Schädel.

Auch David ist nackt, ein Strichmännchen aus Sehnen, in rasender Bewegung, mit dem Schwert kopfüber zum Schlag ausholend. Seine Bewegungen setzen sich wie Schwingungen in seiner Umgebung fort. Trotz der Schmächtigkeit seines Körpers ist dieser Schläger nicht mehr zu bremsen. Sein Gesicht, haarlos, mit schwarzen Augenhöhlen, ist vom Tod gezeichnet. Eine tödliche Raserei.

Wo hätte ich in diesem Bild Platz? Ich würde den Jungen gern festhalten, ihn von seiner Todeswut erlösen. Doch käme ich überhaupt hinein in das Bild? Gäbe es einen Einstieg über diese Muskelwälle. Wo könnte ich festen Stand finden, ohne stürzen zu müssen? Vermutlich würde ich von dem Blindwütigen mit erschlagen werden, denn da sind Freund und Feind nicht mehr zu unterscheiden, da ist nur noch Raserei. Mein Versuch, ins Bild hinein zu kommen, wird von Angst und Schwäche behindert, von Panik. Ich möchte da nicht hinein!

Was passiert eigentlich, wenn ich das Bild umdrehe? Dann wacht der Riese auf, blickt wissentlich grinsend über mich hinweg. Er steht vornüber gebeugt, scheint den kleinen Strichmenschen zu zerreißen. Und auf einmal sieht das Gesicht Davids aus, als schreie es. Das Schwert in der Hand des Jungen hat überhaupt keine Macht mehr. Stattdessen ängstigt mich jetzt der unbeeinflussbare Riese. Mit der Kraft seiner Glieder wird er alles auseinander drücken und niederwalzen, was ihm in die Quere kommt. – Ich sehe jetzt ein Motiv für die brutale Schlussszene des biblischen Textes: Nur wenn ihm der Kopf abgeschlagen ist, steht er nicht wieder auf!

Otto Dix:
David und Goliath
(1915)
© VG Bild

Dieses Bild deutet bereits an, was Otto Dix in seinen Kriegszeichnungen aus den Jahren 1915 bis 1918 bis an die Grenzen des Erträglichen ausführt. Wehe denen, die das Schwert nehmen! Sie geraten in eine Situation, die sie nicht mehr beeinflussen und aus der sie selbst nicht mehr entkommen können.

David und Goliat in der Kölner St. Gereonskirche – 1151/56
Es ist ein Bild mit einer ganz anderen Ausstrahlung, im Original sanft gefärbt, mit einem verlässlichen Rahmen. Als Fußbodenmosaik lag es einmal denen zu Füßen, die den Chorraum der St. Gereonskirche in Köln betraten. Heutzutage ist es in der Krypta dieser Kirche zu besichtigen. Seine Entstehungszeit liegt zwischen dem zweiten und dritten Kreuzzug. In dieser Epoche sahen die religiösen Oberhäupter in Rom und Konstantinopel sich bedrängt von jenen Muslimen, die aus der Türkei nach Norden und Westen strebten und in Jerusalem eine weniger tolerante muslimische Herrschaft errichtet hatten als ihre Glaubensbrüder der vorherigen Jahrhunderte.

Die Gestalten des Bodenbildes sind beschriftet: »David – Go-

Mosaikfußboden David besiegt Goliat (Köln 1151/56) © VG Bild

liad«. Die Überschrift: »Praecidit gladio caput Philistaei« besagt: Er schlägt mit dem Schwert das Haupt des Philisters ab.

Dieser David rast nicht. Sanft und ernst ist sein Gesicht, schön gestaltet wie das des Goliat, nur etwas lebendiger durch die roten Wangenflecken, die dem Riesen fehlen. Davids Haar ist rotorange wie der Saum vom Gewand seines Gegners. Beide schauen zu der bereits leeren Schwertscheide. Wie aus Überraschung ist die rechte Hand Goliats erhoben. Die Waffe liegt bereits in der Hand des Jungen.

Wir wissen, dass die biblische Geschichte mit der Enthauptung des Riesen endet. Doch das Bild, Stein an Stein gelegt, hält seit fast 1000 Jahren den Augenblick vor der Enthauptung fest. Das ist ja überhaupt das Erstaunliche an Bildern, dass sie Handlungsverläufe anhalten. Wieso aber wählte der Mosaikleger damals diesen Moment der körperlichen Nähe zwischen Goliat und David als künstlerischen Haltepunkt? Hätte die Geschichte, wäre sie wirklich angehalten worden, denn anders, als wir sie kennen, weiter gehen können? Ja, was wäre passiert, wenn David den Riesen nicht enthauptet hätte? Wäre Goliat aus seiner Bewusstlosigkeit erwacht und hätte sich beschämt davon gestohlen? Hätte David Kind, Musiker und Hirte bleiben können nach seinem überraschenden Sieg? Wieder suche ich – wie beim anderen Bild – nach einem Platz für mich. Will ich auf den Jungen zugehen, ihm vorsichtig das Schwert aus der Hand nehmen und es wieder verstauen? Will ich die beiden trennen, wie ich es bei kämpfenden Kindern versuche? – Wenn ich die Gesichter und Körper der beiden genau betrachte, erscheint mir eine Intervention nicht nötig. Die Gesichter sind gar nicht feindlich gegeneinander gewandt. Sie sehen sich ähnlich, schön, versonnen, eher traurig als gewaltsam. Und David umfängt den Riesen mit seinem kleinen Leib eher zärtlich als bedrohend. In dieser Haltung könnte er den Riesen gar nicht erschlagen! Auch die Beinstellung des Jungen ist seltsam. Es sieht aus, als wolle er sich dem Riesen auf die Schulter schwingen. Die Christophorus-Legende fällt mir ein, in der ein Riese das Christuskind über einen reißenden Fluss trägt. Wenn es das Schwert auf dem Bild nicht gäbe, könnte der Davidknabe dem Riesen auf die Schultern steigen und sich tragen lassen. Aus David würde dann der Christusknabe. David und Christus werden oft verglichen. Beide bezähmen sie einen Riesen, der eine, indem er ihn tötet, der andere, indem er ihm auf die Schultern steigt, sich von ihm tragen lässt und ihn dabei von seiner Hässlichkeit heilt. Der eine Riese verliert seinen Kopf, der andere bekommt ein schöneres Gesicht. Ist hier auf dem Boden der Gereonskirche die Verwandlung von Goliat in Christophorus und von David in den Davidsohn Jesus angedeutet? Auch dies wäre eine Möglichkeit, die alte Bibelgeschichte neu zu erzählen.

AXEL NOACK

Die Arbeiter im Weinberg Matthäus 20,1-16

Hier geht es um eine Geschichte, die das »Himmelreich« zum Vergleichsbild nimmt. Und zwar wird hier ein Hausherr mit dem Himmelreich verglichen. Das übersieht man leicht, wenn man diese berühmte Geschichte aus dem Matthäusevangelium hört oder liest. Nur ein einziger Satz am Anfang der Geschichte verweist auf diesen Vergleich. Also, hier passiert etwas, was uns ansonsten nicht einfallen würde, dass ein Hausherr mit dem Himmelreich verglichen wird. Den meisten Menschen fallen da ganz andere Vergleiche ein, die mehr in Richtung Schlaraffenland gehen dürften. Wir werden uns also hier zunächst einmal diesem eigenartigen Vergleich zu stellen haben. Und so habe ich meinen Aufsatz auch aufgebaut:

Der erste Teil soll heißen: Matthäus und das Himmelreich. Der zweite Teil lautet: Vom Himmel reden, damit wir uns auf der Erde zurecht finden. Drittens dann folgt ein Kapitel zu dem Thema, das wir meistens sofort mit dem Weinberggleichnis verbinden: Gerechtigkeit und Recht oder das Recht der Gnade, weil beides in der Geschichte ja eine Rolle spielt. Und viertens gibt es noch einen kleinen weihnachtlichen Vorgeschmack: Wenn der Himmel mit seinem Licht in unsere Verhältnisse scheint.

Matthäus und das Himmelreich

Wichtig bei Matthäus ist: hier gibt es eine ganze Reihe Himmelreich-Vergleiche: »Das Himmelreich ist gleich ...« Viele davon werden Sie kennen, viele werden aber auch geübte Bibelleser kaum kennen – vermute ich einmal. Meistens nutzen wir in Kirche und Gottesdienst nur eine Auswahl dieser Gleichnisse.

Zum Beispiel würde ich einen Preis aussetzen für alle, die die Geschichte kennen, wo Matthäus sagt, »das Himmelreich gleicht einem Netz, das ins Meer geworfen wird«. Das ist wahrscheinlich eine der unbekannteren Geschichten.

Die anderen Vergleiche sind sehr bekannt – z. B. mit dem Unkraut: »Das Himmelreich ist gleich einem Menschen, der guten

Samen auf einen Acker säte« oder »Das Himmelreich gleicht einem Senfkorn«; »Das Himmelreich gleicht einem Sauerteig«; »Das Himmelreich gleicht einem Schatz, verborgen im Acker«; »wiederum gleicht das Himmelreich einem Kaufmann«; dann gleicht »das Himmelreich einem König, der mit seinen Knechten abrechnen wollte«, und dann eben die Geschichte, die wir hier näher betrachten: »Das Himmelreich gleicht einem Hausherrn, der früh am Morgen ausging«. Es geht aber noch weiter: »Das Himmelreich gleicht einem König, der seinem Sohn eine Hochzeit ausrichtete« und schließlich: »Das Himmelreich wird gleichen zehn Jungfrauen«.

Also bei Matthäus gleicht das Himmelreich ganz vielem. Es sind alles Bilder, die uns meistens selbst im Traum nicht einfallen würden, wenn wir nach solchen Vergleichen suchen.

Die meisten dieser Vergleichs-Geschichten finden wir nur bei Matthäus und nicht bei Lukas und bei Markus. Und diejenigen Vergleiche, die wir auch bei Markus oder bei Lukas finden, benutzen schon im griechischen Urtext ein anderes Wort. Z. B. beim Vergleich mit dem Senfkorn, da schreiben die beiden es anders. Sie vergleichen nicht das »Himmelreich« mit dem Senfkorn, sondern das »Reich Gottes«. Auch in den Bibelübersetzungen finden wir bis heute diesen Unterschied: »Himmelreich« oder »Reich Gottes«. In englischen Bibeln etwa wird unterschieden zwischen »kingdom of god« und »kingdom of heaven«. Bei Matthäus also immer »kingdom of heaven« – das Himmelreich.

Matthäus hat also eine »himmlische« Perspektive. Das ist unserer Umgangssprache auf jeden Fall näher, als wenn wir vom »Reich Gottes« sprechen. Theologisch ist zwischen beiden kein so gewichtiger Unterschied, als dass dieser uns hier beschäftigen müsste. Wichtig zu wissen ist allerdings, dass Matthäus derjenige der Evangelisten ist, der am ausführlichsten – wenn man Johannes einmal beiseite lässt –, am ausgeführtesten eine Endzeitperspektive hat. Während Markus und Lukas sehr plastisch und sehr bildhaft erzählen und die Wirklichkeit sehr real beschreiben, finden wir bei Matthäus eine ganz weitgespannte Ausrichtung, die dem Himmel eine große Rolle gibt und den Gedanken an den Himmel und die kommende Gottesherrschaft viel Raum gibt.

Und eine von diesen himmelweiten Perspektiven öffnet uns das Gleichnis, dem wir uns jetzt zuwenden: Das Himmelreich gleicht einem großen Herrn, einem Hausherrn, einem Besitzer, der früh am Morgen ausgeht, um Arbeiter zu suchen. Sicherlich, das ist der wichtige Punkt: mit dem Himmelreich kann man nicht jeden Weinbergsbesitzer vergleichen, sondern das ist nun ein Weinbergsbesitzer besonderer Art, einer wo schnell zu fragen ist, ob es unter den Herren dieser Welt überhaupt solche wie den beschriebenen Weinbergsbesitzer geben mag.

Die Herrn der Welt sind zumeist von anderer Art: Auch Martin Luther hat sich mit dieser Frage mächtig beschäftigt – mit der Frage, gibt es das denn überhaupt, könnte denn ein Oberherr so sein und was würde der für ein Leben führen? Wir kommen darauf noch einmal zurück. Ich lese später noch ein Stück Martin Luther, der überhaupt sehr viel dafür getan hat, dass wir dieses Gleichnis besser verstehen mögen.

Vom Himmel reden, damit wir uns auf der Erde zurecht finden

Vom Himmel reden meint, sich zunächst einmal die große Scheu klarzumachen, die es zu bestimmten Zeiten immer wieder einmal gegeben hat, vom Himmel zu reden. Ich behaupte es zunächst einmal als These, wir müssen den Leuten vom Himmel reden, wenn sie sich auf der Erde zurecht finden sollen.

Ich bringe dazu ein Beispiel: Wir haben im Land eine große berühmte Schule in Schulpforta bei Naumburg, eigentlich die Landesschule in Sachsen-Anhalt. Die hat seit 1675, also seit mehr als dreihundert Jahren die Übung, bei allen Schulgottesdiensten, bei Jahresfesten und Jubiläen nur eine Geschichte zu predigen, nämlich die von Jakob und der Himmelsleiter, aus dem ersten Buch Mose. Erst habe ich mir gedacht, das ist doch eigenartig, in einer Schule eine solche Geschichte zu nehmen, wo einer schläft und dann träumt, das ist doch völlig unpädagogisch. Das geht doch nach hinten los, wenn Leute groß rauskommen, die schlafen oder träumen und im Traum etwas von Gott erfahren haben wollen. Aber dann wurde auch ich einmal als Prediger nach Schulpforte eingeladen und da hab ich gemerkt, das ist doch eine gute Sache. Ich kann das jeder und jedem, der Pfarrerin oder Pfarrer ist, nur wünschen, da einmal hinzukommen. Es ist üblich, dass der Prediger ca. drei Wochen vorher hingeht und mit den Schülern eine Diskussion über die Geschichte führen muss. Außerdem bekommt man auch eine ganze Reihe Predigten zu lesen aus allen Jahrhunderten, die an dieser Schule gehalten worden sind über diese biblische Geschichte.

Sehr schnell wird deutlich, dass es gar nicht verkehrt ist, in einer Schule bei jungen Leuten diese biblische Geschichte zu bemühen.

Ist das nicht eine der großen Aufgaben von Schulen, den Kindern eine weite Perspektive zu öffnen? Kann Schule denn überhaupt funktionieren, wenn nicht mindestens versucht wird, da etwas aufzuschließen, den Himmel zu öffnen? Was kann die Schule dazu beitragen, dass der Himmel hineinleuchtet in die Wirklichkeit unseres Lebens?

Nun wird man sagen müssen, dass solche Gedanken immer wieder, auch in unseren Kirchen und Schulen, verdrängt worden sind. Auch in Schulpforta gab es die Predigten über den träumenden Jakob weder in der Nazi- noch in der DDR-Zeit. Vom Himmel reden, das hieß vom Jenseits reden und dann war das Wort der Jenseits-Vertröstung ja meistens nicht fern. Es gibt also auch eine berechtigte Scheu, vom Himmel zu reden, denn mit der Vertröstung auf die (spätere) ausgleichende himmlische Gerechtigkeit ist hier auf Erden manche Ungerechtigkeit begründet worden. Die Aufklärung war nötig und hinter sie können wir nicht zurück. Aber die Zeiten ändern sich auch. Heute gibt es diese Scheu, vom Himmel zu reden, nicht mehr so ausgeprägt. Im Zeitalter von Harry Potter ist das überhaupt kein Problem für die jungen Leute, über den Himmel oder über außerirdische Welten zu reden. Jetzt, in der kommenden Weihnachtszeit, werden wir es erleben: In den Kaufhäusern und Kinos, im Fernsehen und in den Zeitungen haben die Engelchen Konjunktur. Sie verdrängen zunehmend den bärbeißigen Knecht Ruprecht.

Heute macht es richtig Spaß, mit den jungen Leuten zu diskutieren. Ich war sehr erstaunt, als ich mit den Schülerinnen und Schülern in Schulpforta diskutiert habe und mit ihnen ein bisschen der Frage nachgegangen bin, was man sich unter Himmel vorstellen kann, wie sie dann ganz locker und ohne jedes Problem ins Schwärmen geraten und den Himmel beschreiben. Zum Beispiel sagte ein Mädchen: Himmel – das ist ein Treffen mit ganz vielen Menschen, wo keiner dem anderen im Wege steht. Das ist eine schöne Definition. Oder ein anderer sagte: Himmel ist, wenn die Menschen sich nicht mehr erinnern können, auf wen sie böse sind.

Freilich kam niemand auf die Idee, etwa einen »Hausherren« zum Vergleich heranzuziehen. Der Himmel wurde durchaus zur

Projektionsfläche für sehr irdische Wünsche und Sehnsüchte, aber allemal mehr als Schlaraffenland und gebratene Tauben.

Wer in Schulpforta hineingeht in die schön renovierte Kirche, wird es ja sehen, das Hauptfenster der Kirche ist eben die Geschichte vom Himmelreich, von der Himmelsleiter. Der Himmel ist in allen Farben gemalt, die Engelein gehen rauf und runter. Man könnte fast sagen eine Weihnachtsgeschichte: der Himmel tut sich auf und die Menschen erfahren was vom Himmel. Da kommen wir am Ende noch einmal drauf.

Also, vom Himmel reden. Ich gebe Ihnen mal noch ein anderes Beispiel. Einer, der nun ganz unverdächtig ist, der nun gar nicht fromm war, der mir aber sehr ans Herze gewachsen ist, George Orwell. Manche werden ihn kennen von dem berühmten Roman »1984«. Aber er hat eben nicht nur das geschrieben, sondern auch sehr viele Essays und viele kleine Artikel und Überlegungen. Er war sicherlich ein unfrommer Mann, aber er konnte schon 1947 in einem Essay schreiben:

»Dass mit diesem Leben alles vorbei ist, dass man nur das kriegt, was man auf Erden hat und nicht mehr, das steigert nicht nur den Machttrieb und die Bereicherungslust von Einzelnen und von Nationen, es verschärft aufs Unerträglichste die Angst, auch noch das Wenige, was man hat, zu verlieren und es stärkt die Bereitschaft, sich fast alles zumuten zu lassen und fast allem Unrecht zuzusehen, so lange es mich nicht ereilt.

Ich will nicht, dass der Glaube an die Unsterblichkeit wiederkehrt und auf jeden Fall ist das auch nicht sehr wahrscheinlich. Das, was ich klar machen möchte, ist, dass sein Verschwinden ein großes Loch hinterlassen hat.«

Und da sind wir ganz schnell bei den Themen der Zeit. Ich will das gar nicht weiter ausführen. Wenn es nur das gibt, nur dieses eine Leben, wenn das alles ist, dann steigert das die Angst, das auch noch zu verlieren. Und aus einer solchen Angst lassen wir uns fast alles zumuten. Ja, und »die Bereicherungslust von Einzelnen und von Nationen« wird gesteigert. Und wer sich in unsere heutige Reformdiskussion hineinversetzt, wird das nachfühlen können. Ich wage die These: »Wer über die Rentenreform und die Sozialreform nachdenkt, könnte das hoffentlich anders tun, wenn er von diesem Leben ganz viel aber nicht alles erwartet, wenn er noch eine andere Perspektive dabei hätte.« Und wenn die in der Schule in Schulpforta das hinkriegen, den

Schülern für ihr Leben noch eine andere Perspektive aufzuzeigen als nur, wie man sich bereichert und wie man durchkommt, dann hat der Himmel eine ganz große Bedeutung, dann ist es eine sehr sinnvolle Sache, vom Himmel zu reden. Deswegen sage ich die These, wir müssen den Leuten vom Himmel reden, damit sie sich auf der Erde zurecht finden. Und bei unseren Kindern müssen wir anfangen, ihnen den Himmel aufzuschließen.

Das Recht der Gnade

Das war bisher alles zur Einleitung. Jetzt nehmen wir uns dieses schöne Gleichnis vom Himmelreich vor. Wir reden also vom Himmel, wenn wir über die Arbeiter im Weinberg reden.

Matthäus hat uns ein schönes Bild gemalt, wie man den Himmel vergleichen könnte – denn das Himmelreich gleicht einem Hausherren. Nun wird man sagen, diese Geschichte ist sehr breit erzählt – mit ihren Wiederholungen beim Anwerben der Arbeiter. Der eigentliche Knackpunkt, und das ist auch der Punkt, warum man das mit dem Himmelreich schon längst vergessen hat, der eigentliche Punkt, auf den man hört, liegt ganz am Ende der Geschichte, bei der Lohnauszahlung. Die Arbeit wird ja überhaupt nicht beschrieben. Es wird nur beschrieben, dass die Leute unterschiedlich lange gearbeitet haben und dass der Hausherr am Ende den Lohn auszahlt. Jeder, der das liest – ich kann mich noch gut erinnern, schon als Schüler ging es mir bei der Geschichte immer so, dass ich gesagt habe, der hat ja völlig Recht, trotzdem ist es nicht richtig. Er hat Recht der Mann, wenn er sagt, was habt ihr denn zu meckern, es war ein Silbergroschen vereinbart und den habt ihr bekommen. Kann ich nicht mit dem machen, was mir gehört, was ich will? Er hat Recht und trotzdem ist es nicht richtig. So war eigentlich mein Eindruck, wenn ich die Geschichte früher als Schüler gehört habe, da kann ich mich gut erinnern – immer dieses Versuchen, den Mann ins Unrecht zu setzen, aber man findet eigentlich keinen Grund, man kann ihn nicht ins Unrecht setzen. Es ist okay, er hat völlig korrekt gehandelt. Man kann niemanden einen Vorwurf machen. Und trotzdem kann man die verstehen, die sagen, wir haben elf Stunden gearbeitet und die anderen haben nur eine Stunde gearbeitet, trotzdem gibt es denselben Lohn. Da fallen mir so schöne Sätze ein wie: »Jedem nach seinen Bedürfnissen«. Das haben wir in der DDR-Schule gelernt als Beschreibung für den Kommunismus. Es gibt da auch schöne Auslegungen, sozialkritische Auslegungen. Von unseren kubanischen Freunden habe ich mal ein Buch gehabt, da wird einfach ausgelegt, dass da eben schon an die kommunistische Gesellschaftsordnung gedacht wird: Der Hausherr weiß, man braucht einen Silbergroschen, um überleben zu können, und deshalb gibt er jedem einen Silbergroschen, weil es klar ist, alle brauchen das und egal, wie viel jeder gearbeitet hat, er muss ja leben – jeder nach seinen Bedürfnissen und nicht nach seinen Leistungen. Das ist schon die Überhöhung des Leistungsprinzips – abgeschafft durch ein Bedürfnisprinzip. Und schließlich liegt es ja auch in unseren evangelischen Kirchen nicht so fern, das reine »Leistungsprinzip« zu kritisieren. So kann man diesen Text auch auslegen. Und so ist er immer wieder auch ausgelegt worden. Sicher nicht so sehr in Zeiten der Marktwirtschaft. Trotzdem bleibt irgendwo ein ärgerlicher Rest, wiewohl jeder sagen wird, der Hausherr hat nicht falsch gehandelt, man könnte ihn nicht bestrafen dafür. Es ist okay! Er hat sein Geld eingesetzt und hat es ausgegeben. Dass er es zum großen Teil verschenkt, ist seine Sache. Was will man ihm da Böses tun oder Böses anrechnen? Und dennoch – ich weiß nicht, wie es Ihnen geht – aber so ein Unwohlgefühl bleibt, wenn man die Geschichte auf sich wirken lässt. Nun kann man sagen, aha – im Himmelreich ist das so, auf Erden geht es anders zu.

Jetzt kommt der nächste Punkt, der die Sache noch einmal ein bisschen schwieriger macht. Im Himmelreich ist das so …: Aber wollen wir das eigentlich, dass es auf Erden so sein solle? Oder möchten wir nicht doch lieber – das ist eine der Grundfragen – möchten wir nicht doch lieber, dass man nach seinen Leistungen beurteilt wird. Nun könnte man natürlich sagen, gerade wir Protestanten sagen genau das Gegenteil. Wir sagen doch, hoffentlich nicht nach unseren Leistungen – sondern allein aus Gnaden. Aber es ist nicht sehr menschlich gedacht und das ist auch die Schwierigkeit, das Evangelische den Menschen nahe zu bringen. Am liebsten wäre es uns, wir könnten einen eindeutigen Zusammenhang herstellen, wenn ich das tue, dann kommt das am Ende raus. Und wenn ich das auch auf den lieben Gott übertragen könnte. Wenn ich mich ordentlich verhalte, dann soll der liebe Gott mich auch dafür belohnen und wenn ich böse bin, dann mag er mich strafen – aber ich bin ja nicht böse. Und die Bösen, das sind die anderen und die soll er man auch ruhig bestrafen.

Dass man also am liebsten auch mit dem lieben Gott handeln möchte. Und dem ist ja auch die Kirche immer mal wieder entgegengekommen. Ich weiß nicht, ob Sie schon Gelegenheit hatten, den schönen Lutherfilm zu sehen – der Ablasshandel, der darin beschrieben wird, das ist genau der Handel, den man mit dem lieben Gott treibt. Ich gebe dir das und du gibst mir das – ich hoffe, dass du auch gnädig bist, aber im Grunde möchte ich das Prinzip nicht durchstoßen, sondern ich möchte schon ein Stückchen mit dem, wie ich lebe, dafür sorgen können, wie es mir im Himmel geht. Ich möchte da schon ein bisschen Einfluss drauf haben. Und zu sagen, es ist alles Gnade, ist viel schwerer zu denken. Es ließen sich aber eine ganze Menge biblische Geschichten nennen, die genau so argumentieren – auch gerade Geschichten vom Ende des Kirchenjahres sind ja oft genau so: was ihr getan habt einem meiner geringsten Brüder und nun geht hinfort, ihr Verstoßenen, und kommt her, ihr Gesegneten. Also da kommt genau der Zusammenhang zwischen meinem Tun und wie es mir im Himmel ergehen wird eindeutig hervor. Auch da bemühen sich natürlich die Theologen, eine Interpretation zu geben, so um drei Ecken zu denken, um zu helfen, damit der Text nicht ganz so streng ist. Der Vergleich mit dem Hausherrn, den Matthäus hier macht, geht ganz anders. Anstrengen nutzt nichts, es ist alles Gnade.

Jetzt könnte die Kirche sagen, Matthäus muss man ganz lesen. Es nutzt eigentlich nichts, am Sonntag nur, wie jetzt am letzten Sonntag, das Verlesen vom Weltgericht mit den Böcken und den Schafen, und nächsten Sonntag mit den klugen und den törichten Jungfrauen und von denen, die draußen sind und nicht das Hochzeitsmahl schmecken, sondern man muss eben Mt 20 dazu lesen, aber es nutzt auch nichts, Mt 20 alleine zu lesen, man muss das andere dazu lesen. Das macht die ganze Kompliziertheit aus. Wir hätten es gerne einfacher! Es ist aber nicht einfacher zu haben. Und ich glaube, dass es den Menschen auch entsprechen würde, wenn man sagen könnte, jawohl, das lässt sich alles berechnen. Ich kann genau für meine Taten eingestuft werden, und wenn ich dann noch ein bisschen handeln kann, wäre es noch ein bisschen schöner. Ist aber nicht! Jedenfalls in der Geschichte nicht.

Was soll man aus dieser Geschichte nun herausziehen, was soll man da sagen? Soll man sagen, also im Himmel mag das ja so gnädig zugehen, aber hier auf der Erde geht das nicht. Dann bräuchten wir das alles nicht weiter zu bedenken, denn für unser Leben auf der Erde trägt es wenig aus.

Kann man aus der Geschichte etwas entnehmen, was auf Erden funktioniert und mir hier zum Leben hilft? Da lese ich nun doch etwas von Martin Luther vor: Luther sagt bei der Geschichte, die ihm auch sehr viele Mühe gemacht hat, die Quintessenz und die Summe dieses Evangeliums liegt im letzten Satz: So werden die Letzten die Ersten und die Ersten die Letzten sein. – Luther sagt:

»So ist nun dies die Summa dieses Evangelii: Damit daß er spricht: Der Erste soll der Letzte sein, nimpt er dir alle Vermessenheit und verbeut dir, daß du dich über keine Hure erhebest, wenn du gleich Abraham, David, Petrus oder Paulus wärest. Damit aber, daß er spricht: Der letzte soll der Erste sein, wehret er dir alle Verzweiflung und verbeut dir, daß du dich unter keinen Heiligen werfest, wenn du auch Pilatus, Herodes, Sodom und Gomorra wärest. Denn gleich wie wir keine Ursache haben uns zu vermessen, so haben wir auch keine Ursache zu verzweifeln, sondern die Mittelstraße wird durch dieses Evangelium bestätigt und bewahret, daß man nicht nach dem Groschen sehe, sondern auf die Güte des Hausvaters«.

Wir sollen nicht auf den Groschen sehen, sondern auf die Güte des Hausvaters. Das ist die Quintessenz. Das wäre schon mal eine schöne Blickrichtung, ich glaube, das ist auch die zentrale Auslage dieses Textes, guckt auf die Güte des Hausvaters und freut euch, dass im Himmel so ein gütiger Hausvater ist. Wie gesagt, die, die ganz viel gearbeitet haben, werden sagen: »Nein, ich hätte es mir lieber ehrlich verdient und nicht in Abhängigkeit von der Güte des Hausvaters«. Und dann kommt natürlich sofort die ganze Moral in der Theologie, die sagt, darf man denn so was den Leuten predigen? Das wird doch zugleich die billige Gnade sein und wird doch sogleich die Sitten verrohen lassen und die Leute werden doch – so hat es Luther denn auch genau beschrieben – es ganz schnell lernen, diese Freiheit meisterlich zu missbrauchen. Sie werden alle erst nachmittags zur Arbeit kommen. Aber ich denke, Kern auch dieses Satzes ist die Frage, ob wir in unserer Theologie und unserem Verständnis der Güte Gottes, der Güte des Hausvaters, Grenzen ziehen. Ob wir sagen, das darf eigentlich nicht sein. So gütig darf Gott nicht sein. Denn dann kämen ja auch die ganzen Strolche in den Himmel. Vielleicht sogar die ganz anderen, vielleicht etwa die Muslime – was für ein fürchterlicher Gedanke! Wenn ich nur mit der Güte des Hausvaters rechne, dann ist doch alles erlaubt. Dann ist doch unser ganzes Predigen, unser ganzes klares Reden für die Katz! Dieser Frage muss alle Theologie nachgehen! Das ist ein ganz altes theologisches Thema, das sei für die gesagt, die sich da nicht so gut auskennen. Das ist eines der Urthemen der Theologie. Die Frage, wie wird es am Ende sein, wird Gott am Ende alles zurecht bringen? Da gibt es ein schönes Wort dafür, die Theologen schüttelt es gleich kalt, wenn von der »Apokatasthasis panton« die Rede ist. Also, dass Gott am Ende alles wieder heilen wird und unser Unterscheiden und Urteilen gar nicht mehr zählen. Soll man das lehren, dass Gottes Güte so weit ist? Luther: Gott verbietet dir, dass du hochmütig bist und wenn du ein Engel oder ein Prophet wärest – aber er verbietet dir auch, dass du verzweifelst, auch wenn du Sodom und Gomorra wärest.

Ist Gottes Güte so groß? Ich meine, das Thema ist ernst. Wenn wir die Bibel lesen, auch die strengen Stellen der Bibel, müssen wir sie lesen unter der Überschrift von Gottes Güte. Das ist immer nicht so ganz einfach. Das ist noch nicht mal leicht zu akzeptieren, dass wir unter der Überschrift von Gottes Güte manche Bibelstellen lesen. Also, ich sag mal ganz offen, wir haben letzte Woche in der Synode unserer Kirche heftig gestritten: Lesen wir die Stellen, die in der Bibel über Homosexualität stehen, unter der Überschrift von Gottes Güte? So, meinen manche, müsste man sie lesen. Andere sagen, das kommt auf keinen Fall in Frage. Es ist klar geschrieben, das ist alles Sünde und böse. Ich sage als These aus dieser Geschichte, aus diesem Gleichnis: Wir als Menschen, als Kirche usw. dürfen der Güte Gottes keine Grenze ziehen – die reicht weiter als unsere Vorstellung. Das ist für mich ein wichtiger Satz. Aber das heißt natürlich – und das ist eine alte Pastorenregel – zu dieser Lehre von der Wiederbringung aller am Ende gibt es eine alte Pastorenregel, die ist schon vor hunderten von Jahren formuliert worden –: Ein Esel, wer sie nicht glaubt, und ein Ochse, wer sie predigt. Wenn du sie nicht glaubst, dann müsstest du verzweifeln, wenn du nicht drauf vertrauen würdest, dass Gott am Ende alles zurecht bringt, aber wenn du es predigst, wird es die Sitten aufweichen und dann werden die Leute faul und träge, denn es ist ja am Ende sowieso alles Gnade. Was soll sein, ich verlass mich auf die Güte

Gottes und sonst lebe ich fröhlich dahin. Also, ein Esel, wer's nicht glaubt, und ein Ochse, wer's predigt. Das ist natürlich eine Hilflosigkeit. Wie geht man damit um? Wie sagen wir den Ernst des Wortes Gottes und machen an der Güte Gottes keine Abstriche? Das ist eine Kernfrage.

Es gibt so ein hübsches Büchlein von Goethe. Wer es nicht kennt, dem würde ich es sehr empfehlen. Goethe hat in seinen jungen Jahren, im Jahre 1773, also noch vor Lessings Nathan der Weise, ein Büchlein geschrieben, das heißt »Brief des Pfarrers von*** an den neuen Pfarrer zu***«. Es ist zuerst anonym erschienen. Es ist einfach der Brief eines auf seiner Pfarrstelle alt gewordenen Pfarrers, der einen neuen Nachbarkollegen bekommen hat. Der neue Nachbar ist ein ganz junger Pfarrer und da schreibt der alte ihm einen Brief zum Willkommen. Er behandelt darin alle wichtigen Fragen der Theologie. Erst sagt er, ich freue mich, dass du nun da bist und ich hoffe, dass du auch ein verträglicher Mensch bist; dein Vorgänger hat mir viel Ärger gemacht und ich muss zugeben, obwohl es ganz gottlos ist, als die Totenglocken läuteten, war ich eigentlich sehr erleichtert. Denn dein Vorgänger hat immer die Leute so aufgehetzt, der wollte, dass ich mehr verdamme als ich ohnehin nicht tue. Der hat also immer so stramm gepredigt. Der hat sogar meine Pfarrkinder angesteckt mit dieser Lehre von der Verdammnis, dass die meinten, es macht keinen Spaß, ein Christ zu sein, wenn die anderen nicht ewig im Feuer gebraten werden. Aber er, der alte Pfarrer sagt, er möchte der Liebe Gottes keine Grenzen ziehen. Er nimmt den Astronomen als Beispiel: »Um wie viel Millionen Meilen verrechnet sich der Astronom? Wer der Liebe Gottes Grenzen bestimmen wollte, würde sich noch mehr verrechnen. Weiß ich wie mancherlei seine Wege sind? So viel weiß ich, daß ich auf meinem Weg gewiß in den Himmel komme und dich hoffe, daß er anderen auch auf den ihrigen hinein helfen wird.« Aber er sagt auch, deswegen bin ich nicht etwa indifferent und es ist mir nicht alles egal, sondern er sagt: »Also, lieber Bruder, danke ich Gott für nichts mehr als die Gewißheit meines Glaubens; denn darauf sterb ich, daß ich kein Glück besitze und keine Seligkeit zu hoffen habe, als die mir von der ewigen Liebe Gottes mitgeteilt wird … Und so lieb ich Jesum Christum, und so glaub ich an ihn, und danke Gott, daß ich an ihn glaube, denn wahrhaftig es ist meine Schuld nicht, daß ich glaube. Es war eine Zeit da ich

Saulus war, gottlob daß ich Paulus geworden bin.« Und weiter sagt er: »Welche Wonne ist es zu denken, dass der Türke, der mich für einen Hund, und der Jude, der mich für ein Schwein hält, sich einst freuen werden, meine Brüder zu sein.« Er möchte niemanden verdammen, aber er möchte ganz klar auf seinen Herrn Jesus bezogen bleiben. Er macht keinen Religionsbrei oder streitet für den Pluralismus. Er ist überhaupt nicht gleichgültig, aber er sieht auf die Güte des Hausvaters und nicht auf den Groschen des eignen Verdienstes, auch nicht auf seine religiösen Verdienste.

Das ist meines Erachtens schon einer der wichtigen Punkte, den man bei dieser Geschichte beachten kann. Und für das Leben ist es sehr praktisch, diese Summe zu ziehen (ob sie so mit der Geschichte übereinstimmt, weiß ich nicht):

Er wehrt dir allen Hochmut, dass du dich über keinen erhebst, wenn du gleich ein Prophet oder Engel wärest. Und mit dem Satz, der Letzte soll der Erste sein, wehrt er dir alle Verzweiflung und verbietet dir, dass du dich unter keinen Heiligen werfest, wenn du auch Pilatus, Herodes, Sodom und Gomorra wärest.

Nun hat Luther ja immer, das kommt bei Luther ganz oft, das Bild von der Mittelstraße. Er sagt immer die Mittelstraße ist das, was Gott eigentlich von uns will. Wir sollen uns mühen, aber wir sollen auf die Güte Gottes vertrauen. Wir sollen uns nicht erheben, aber wir sollen uns auch nicht unterwerfen. Wir sollen nicht verzweifeln, aber wir sollen auch nicht auf unsere Gerechtigkeit pochen. Und dazu bringt er sehr oft das Bild von der Mittelstraße. Wer in der Mittelstraße wohnt, der hat ein gutes lutherisches Wohngrundstück – in Halle haben wir auch eine Mittelstraße, da ist das Kreiskirchenamt, glaube ich!

Jetzt fügen wir noch ein paar Sachen dazu. Geht das überhaupt mit dem Hausherrn? Luther hat das sehr beschäftigt, der hat sich ja sehr viel mit der Obrigkeit auseinander gesetzt und darüber viel geschrieben. Und gerade diese Frage hat ihn umgetrieben. Können denn Leute, die Macht haben und Reichtum, können die eigentlich Christen sein und christlich leben? Und er schreibt z. B. über seine Fürsten und vergleicht den Hausherren mit den Fürsten:

»Aufs Erste muss ein Fürst ansehen seine Untertan und in dieser Richtung sein Herz recht einstellen, das tut er aber dann, wenn er seinen ganzen Sinn darauf richtet, dass er denselben (nämlich den Untertan) nützlich und dienstlich sei und nicht so denke, Land und Leute sind mein, ich will's machen, wie es mir gefällt, sondern so soll er denken, ich bin des Landes und der Leute Diener, ich soll's machen, dass es ihnen nützlich und gut ist. Nicht soll ich danach trachten, wie ich hochfahre und herrsche, sondern wie mit gutem Frieden die Leute beschützt und verteidigt werden. Und solch ein Fürst soll Christus sich vor Augen stellen und so sagen: siehe, Christus, der oberste Fürst, ist gekommen und hat mir gedient, hat nicht gesucht, wie er Gewalt, Gut und Ehre an mir hätte und hat nur meine Not angesehen und alles dran gewandt, dass ich Gewalt, Gut und Ehre an ihm und durch ihn hätte. So will ich es auch tun. Nicht an meinen Untertan das meine suchen sondern das ihre. Und ich will ihnen auch so dienen mit meinem Amt, sie schützen, anhören und verteidigen und allein dahin regieren, dass sie Gutes und Nutzen davon haben und nicht ich. Aber dann sprichst du doch sofort, wer wollte dann Fürst sein?

Mit solchen Vorschlägen würde der Fürstenstand der elendste sein auf Erden, da viel Mühe, Arbeit und Unlust in diesem Stand ist. Wo wollten denn die fürstlichen Ergötzungen bleiben mit Tanzen, Jagen, Rennen, Spielen und was dergleichen weltliche Freuden sind. Antwort: Wir lehren jetzt nicht, wie ein weltlicher Fürst leben soll, sondern wie ein weltlicher Fürst ein Christ sein könnte, dass er auch in den Himmel komme. Wer weiß das nicht, dass ein Fürst Wildbret im Himmel ist (also Jagdbeute), ich rede auch nicht darum, dass ich hoffe, weltliche Fürsten werden es so annehmen.«

Also große Skepsis, ob Oberherrn christlich leben können, denn bekanntlich geht eher ein Kamel durch ein Nadelöhr, ehe ein Reicher in den Himmel kommt. Deshalb ist der Hausvater der biblischen Geschichte so besonders und deshalb sind auch alle Fürsten und mehr oder weniger reichen Leute (dazu zähle ich uns unbedingt dazu) auf die Güte dieses Hausvaters letztlich angewiesen.

Vorweihnachtliches

Ein Lichtstrahl des Himmels fällt in unsere Verhältnisse. Er beleuchtet und kritisiert unsere Ökonomie, unser Leistungsdenken, möglicherweise die Trägheit unserer Herzen.

Dass der Himmel sich öffnet und wir Menschen davon erfahren, gehört zur Geschichte von Jakob und der Himmelsleiter und bildet den zentralen Punkt der Weihnachtsbotschaft. Der Himmel kommt uns Menschen nahe. Daher hat dieses biblische Gleichnis etwas Weihnachtliches, weil es uns den Himmel aufschließt. Alle weihnachtliche Predigt und Botschaft, möglicherweise alle evangelische Theologie, lässt sich mit einem Vers eines Weihnachtsliedes von Martin Luther aus dem Jahr 1524 zusammenfassen. »Gelobet seist Du, Jesus Christ …« (Evangelisches Gesangbuch Nr. 23):

Das ewig Licht geht da herein
Gibt der Welt ein' neuen Schein;
Es leucht' wohl mitten in der Nacht
Und uns des Lichtes Kinder macht.
Kyrieleis.

Dass dieses Licht Gottes in uns und unser Leben hinein leuchten möge, damit wir uns und unsere Verhältnisse in einem neuen Lichte sehen, ist ein guter Wunsch zum Weihnachtsfest.

Und warum soll dieses ewige Licht nicht auch in der Güte eines alten Weinbergbesitzers aus dem Matthäusevangelium aufleuchten?

Das Bild: Der Weinberg des Herrn

Es handelt sich um ein Epitaph für Paul Eber in der Stadtkirche St. Marien zu Wittenberg – gemalt von Lucas Cranach d.J.

Der Maler ist als Sohn seines berühmten Vaters am 4. Oktober 1515 in Wittenberg geboren. Nach 1550, der Vater fährt nach Augsburg und geht später ins Exil nach Weimar, wo er stirbt, leitet er die väterliche Werkstatt, wird Stadtkämmerer und Bürgermeister, stirbt am 25. Januar 1586 in seiner Stadt und ist in der Stadtkirche begraben. Auf der heute nicht mehr vorhandenen Grabstätte war zu lesen: »Anno 1586, d. 25. Jan. ist der Ehrenveste, wohlweise und kunstreiche Herr Lucas Cranach, Maler, weiland auch Bürgermeister, seliglich entschlafen und allhier zur Erde bestätigt worden, seines Alters 71 Jahre 3 Monate und 21 Tage, dessen Seele Gott gnade.«

Auf den ersten Blick scheint das Bild zu unserem Gleichnis wenig zu passen, außer in der Rede vom Weinberg und seiner Bearbeitung, die ins Bild gesetzt ist.

Lucas Cranach d.J.: Der Weinberg des Herrn
Epitaph für Paul Eber in der Stadtkirche St. Marien zu Wittenberg

Was ist zu sehen? – Ein großer Weinberg, der durch einen Pfad in eine linke und rechte Hälfte getrennt ist, mit einem Zaun wohlgeschützt umgeben. Auf der linken Bildseite wird der Weinberg nicht gepflegt, sondern verwüstet, von Mönchen, Bischöfen, Kardinälen und dem Papst. Auf der (im doppelten Sinn!) rechten Seite arbeiten die Reformatoren, jeder übt eine gärtnerische Tätigkeit aus, tut was Not ist.

Im Vordergrund schneidet Paul Eber, an den der Epitaph erinnern soll, Reben, Luther beseitigt Unkraut mit einer riesigen Harke, Melanchthon schöpft klares Wasser am Brunnen, Johannes Bugenhagen arbeitet mit einer Hacke gegen das Unkraut an, Georg Major bindet Reben, Caspar Cruciger schlägt einen Rebstock ein, Justus Jonass gräbt den Weinberg um, Matthias Flavius Illyricus trägt Steine davon und Georg Spalatin verteilt Mist …

D. h. die »alte Kirche« hat alles falsch gemacht und dadurch den Weinberg zerstört, die »neue Kirche« hingegen macht alles richtig und erhält den Weinberg des Herrn. Das ist zugleich ein Protest gegen die Bannandrohungsbulle von Papst Leo X., in der es über Luthers Wirken heißt: »Den Weinberg des Herrn will ein Eber aus dem Walde verderben …«

Das Bild zeigt es anders. »Wir« tun das Rechte, verworfen sind die anderen. »Wir« bekommen den rechten Lohn – die anderen doch eher keinen.

Aber auch das zeigt das Bild anders: Vor dem Weinbergstor steht Christus – und teilt den Lohn aus. Auch der Papst steht da mit seinen Kardinälen, Bischöfen, Mönchen!

Sollten diese auch Lohn bekommen?! Ist das gerecht?! »Die« haben doch alles zerstört und jetzt dürfen sie anstehen um Lohn! Das ist die Frage des Gleichnisses auch: Was siehst du so scheel, weil ich so gütig bin?

Die Reformatoren haben den klaren Quell des reinen Evangeliums wieder entdeckt und sein Wort ist dadurch dem »Volk und aller Welt« gegeben. Aber urteile nicht über den Lohn und schon gar nicht über den, der ihn gibt.

Die Gnade Christi übersteigt unsere Einsicht. Geben wir acht, dass wir den Weinberg nicht zerstören. Unter dem Weinberg findet sich eine, auf den Rahmen geschriebene, Erläuterung:

»Wundern magst dich o leser mildt,
Was das sey fur ein seltzam Bildt.
So stehenn thutt ann diser stadt,
und viell gemeldes inn sich hatt.
So wiss und mercke vleissigk drauff.
Was deutung hann die zwene hauff.
Der Bergk die christlich Kirche bedeutt,
darin sinds böss und frumme Leuhtt.
Auff einer seitt Papistenn sinndt,
Ein gottloss, böss und frech gesinndt.
Die reissenn gottes Weinberg einn,
So er gebawtt durchs wortte feinn.
Den Brunn dess Lebens sie auch füln
Durch Ihre Werk, gotts gnad zuhüln;
Verfinstern also gottes Wortt,
Das leüchtet klar an allem Ortt.
Dagegenn auff der ander seitt,
Stehenn viell dapffer gelarter Leuhtt,
Mit ihrenn Instrumentenn all,
So mann Im Weinnberg haben soll.

Die reümen, schneiden, binden, hawenn,
Den Bergk gottes sie wieder hawenn,
Sie tilgen aus all falschen lehr,
Thun trewlich fördern gottes ehr,
Den Brunn des lebens auch gar rein,
Sie wider thun aufreumen feinn.
Und machenn wieder offennbar
Gottes Gnad, so verfinstert war.
Die Recht meinung O frommer Christ,
dieses kunstreichenn Bildes ist.
Drumb danck du gott für seine gnadt,
Das er sein Wortt uns wieder geben hatt.«

Seien wir dankbar für Sein Wort und wundern wir uns alle Morgen darüber, dass Gott so gütig ist. Das »rechte Tun« ist nicht der Anspruch auf »rechten Lohn«.

Es steht alles bei ihm. Wer soll das aushalten?! Der Himmel ist offen für alle, über denen er sich ausbreitet. So wird das Himmelreich. (Die Interpretation des Bildes erfolgte durch Gerhard Begrich und Matthias Hahn.)

ATHANASIUS POLAG OSB

Auferstehung Jesu
Markus 16,1-8

Vorbemerkung

Das Christentum kam in unsere Gegend, in das Stammesgebiet der Sachsen, im Wesentlichen durch die Missionare in der Zeit Karls d.Gr. im 8. und 9. Jahrhundert. Das waren meistens Mönche, und zwar Benediktiner. Die Missionare brachten auch die christlichen Feste mit. In der Regel des heiligen Abtes Benedikt steht das Osterfest, Pascha genannt, im Zentrum des Jahreskreises. Das entspricht der Tradition der Kirche der ersten Jahrhunderte. Wir können uns gut vorstellen, dass die Männer versuchten, den Sachsen die Feier des Osterfestes nahezubringen. Aber richtig Erfolg hatten sie eher mit dem Weihnachtsfest, vermutlich weil es den Platz der Wintersonnenwende einnehmen konnte. Es gehört nicht viel dazu, Spuren dieser Spannung auch noch im kulturellen Leben der Gegenwart wahrzunehmen.

Ich bin Benediktiner und vertrete diese Tradition des Mönchtums in der Vielfalt christlicher Lebensgestaltung. Als ich in das Kloster St. Matthias in Trier eintrat, war für mich die Feier des Osterfestes keine Selbstverständlichkeit. Es war eher eine Entdeckung, das Osterfest in der altkirchlichen Weise zu begehen. Damit war verbunden, in die Texte der Bibel, die von der Auferstehung Jesu von Nazareth handeln, eingeführt zu werden. Denn eine Hinführung braucht man schon. Diese Texte erschließen sich nicht so unmittelbar wie manche Worte Jesu, die uns als Zusammenfassung seiner Verkündigung in den Evangelien überliefert sind.

Die Partien der Evangelien, die von der Auferstehung Jesu handeln, sind verhältnismäßig spät verfasst worden. In der ersten Zeit nach den Ereignissen des Jahres 30, in dem Jesus gekreuzigt worden war, gab es in den Gemeinden der Jünger Jesu ein breit gestreutes Wissen von dem, was in jener Zeit erlebt worden war. Es gab eine Vielzahl von Beteiligten und Betroffenen. Erst als die Zahl der Gemeinden der Jünger Jesu anstieg und diese sich von den jüdischen Synagogengemeinden trennten, gab es den Bedarf, verlässliche Texte auch zu den Ereignissen von Ostern zu haben. Mehr und mehr Menschen mit nichtjüdischer Herkunft wurden Mitglieder in den Gemeinden; da musste geklärt werden, was es mit Jesus von Nazareth auf sich hat. Verlässliche Überlieferung musste von Übertreibungen und Vereinnahmungen getrennt werden. Das geschah etwa in den fünfziger und sechziger Jahren des ersten Jahrhunderts.

Der Text: Markusevangelium, Kapitel 16, Verse 1-8
(1) Als der Sabbat vorüber war, kauften Maria aus Magdala, Maria, die Mutter des Jakobus, und Salome wohlriechende Öle, um damit zum Grab zu gehen und Jesus zu salben.
(2) Am ersten Tag der Woche kamen sie in aller Frühe um Grab, als eben die Sonne aufging. (3) Sie sagten zueinander: Wer könnte uns den Stein vom Eingang des Grabes wegwälzen?
(4) Doch als sie hinblickten, sahen sie, dass der Stein schon weggewälzt war; er war sehr groß.
(5) Sie gingen in das Grab hinein und sahen auf der rechten Seite einen jungen Mann sitzen, der mit einem weißen Gewand bekleidet war; da erschraken sie sehr. (6) Er aber sagte zu ihnen: Erschreckt nicht! Ihr sucht Jesus von Nazareth, den Gekreuzigten. Er ist auferstanden; er ist nicht hier. Seht, da ist die Stelle, wo man ihn hingelegt hatte. (7) Nun aber geht und sagt seinen Jüngern, vor allem Petrus: er geht euch voraus nach Galiläa; dort werdet ihr ihn sehen, wie er es euch gesagt hat.
(9) Da verließen sie das Grab und flohen; denn Schrecken und Entsetzen hatte sie gepackt. Und sie sagten niemand etwas davon; denn sie fürchteten sich.

Wenn man damals etwas vom Wirken Jesu oder von Ereignissen im Zusammenhang mit ihm berichtete, wählte man Formen des Erzählens, die Hinweise auf die Bedeutung des Ganzen enthielten. Das gehört zur Erzählkultur der damaligen Zeit und gilt auch für unseren Text. Der Bericht ist also ausgestattet mit Symbolen und Zeichen, die üblich waren, um klar zum Ausdruck zu bringen, dass es sich um einen religiösen Text handelt.

Zuerst wird die Situation geschildert. Vorausgesetzt wird der Bericht vom Leiden und Sterben Jesu. Dieser endet damit, dass Jesus in ein neues Grab gelegt wurde. Dies ging alles sehr schnell, weil es vor Sonnenuntergang geschehen musste. Die

Beisetzung Jesu erfolgte hastig. Darum ist es verständlich, dass die Frauen nun ehrfürchtig das ergänzen wollten, woran es zwei Tage zuvor gemangelt hatte. Dass die Frauen Jesus salben wollten, zeigt ihre bleibende Zuwendung zu Jesus über seinen gewaltsamen Tod hinaus, der an sich das Ende seiner Wirksamkeit für sie bedeutet haben musste.

Von Historikern wird kaum bezweifelt, dass Jesus nach seinem Tod noch am selben Tag vom Kreuz abgenommen wurde und dass der Leichnam in einem Felsengrab in der Nähe beigesetzt worden war. In den ehemaligen Steinbrüchen vor der Stadtmauer von Jerusalem hatte man Höhlengräber angelegt. Wir wissen aus archäologischen Untersuchungen in der Umgebung von Jerusalem ziemlich genau, wie ein solches Grab ausgesehen hat. Der Zugang zum Grabraum wurde in der Regel durch einen Rollstein verschlossen. Es ist also naheliegend, dass die Frauen in unserer Erzählung die Frage stellen, wie sie in das Grab hineinkommen können.

Die erste Überraschung ist, dass das Grab schon offen ist. Die zweite Überraschung besteht in der Wahrnehmung des jungen Mannes. Das weiße Gewand charakterisiert ihn als Gottesboten. Er hat für die Frauen die Botschaft: Jesus lebt. Dann gibt er ihnen den Auftrag, den Jüngern anzukündigen, dass sich Jesus ihnen zeigen werde.

Die Frauen reagieren mit Entsetzen. Sie können mit dieser Erfahrung zunächst nichts anfangen. Dass sie davon den anderen Jüngern berichteten, ist in der sonstigen Überlieferung verbürgt; sie wurden aber nicht unmittelbar zu Zeuginnen der Auferstehung vor den Leuten, den Einwohnern Jerusalems.

Hier endete nach den uns erhaltenen Handschriften das Markusevangelium. Der Text, den wir heute als Fortsetzung vorfinden, ist später hinzugefügt worden. Er berichtet wie die anderen Evangelien von der Begegnung des auferstandenen Jesus mit den Jüngern. Wie der ursprüngliche Schluss zu erklären sei, dafür gibt es mehrere Hypothesen. Man kann mit gutem Grund vermuten, dass ursprünglich auf den Bericht vom leeren Grab eine gottesdienstliche Feier folgte, in der die Gemeinde zeichenhaft die Gegenwart des Auferstandenen gefeiert hat. Später, als die Texte auch außerhalb des Gottesdienstes gelesen wurden, musste ein richtiger Schluss geschaffen werden.

Wie dem auch sei, eines wird ganz deutlich: Das leere Grab

ist nur ein Hinweis. Für sich genommen überzeugt es niemanden davon, dass Jesus lebt. Dazu muss noch etwas anderes geschehen.

Das Bild

Es liegt die Illustration zu unserem Text vor. Es ist eines der klassischen Evangelien des Osterfestes. Die Buchmalerei aus der Zeit der Romanik zeigt die wesentlichen Elemente unseres Textes: die Frauen, das Grab, die Deutung durch den Engel. Natürlich wusste der Maler nicht, wie das Grab in Jerusalem ausgesehen hat. Darauf kommt es auch nicht an; er stellt schematisch ein offenes Grab dar, aber er setzt es auf dem Bild nach unten. Das bedeutet, dass es weniger wichtig ist. Bedeutungsvoll ist die Botschaft an die Frauen, nämlich der Hinweis auf das noch Kommende. Damit ist die Erfahrung der Gegenwart dessen gemeint, den sie als Toten gesucht haben.

Der Reiz des Bildes besteht darin, dass das Eigentliche des Osterfestes nicht dargestellt, sondern nur angedeutet wird. Darin stimmt es mit dem Text überein.

Evangeliar
aus Limburg a.d. Hardt:
Das leere Grab (1080)

Das Eigentliche
Unser Text gipfelt in der Aussage des Engels: »Dort werdet ihr ihn sehen« und bezeichnet damit genau das, was an Ostern gefeiert wird. Es ist die Begegnung der Frauen und Männer, die Jesus gefolgt waren und ihn als Messias anerkannt hatten, mit ihm als einem Lebenden. Das, was für Nichtchristen heute geradezu anstößig ist, besteht nicht unbedingt in dem Bericht vom leeren Grab, sondern liegt in der Behauptung, dass Jesus in seiner neuen Existenz Menschen begegnet sei.

Die Überlieferung vom Wirken Jesu, wie sie uns in den Texten der Bibel, im Neuen Testament, vorliegt, ist bewegend und für unzählige Menschen anregend. Die Worte Jesu enthalten eine tiefe Weisheit, die ihn zu den großen Weisheitslehrern der Menschheit werden ließ. Der Bericht von seinem Leiden und Tod überliefert seine Lebenswidmung gemäß seinem messianischen Selbstverständnis. Das kann Menschen aller Zeiten zu dankbarer Verehrung bewegen. Das ist zeichenhaft eingefangen in dem Verhalten der Frauen in unserem Text. Was aber das Osterfest ausmacht, ist nicht die Überzeugung, dass die Kreuzigung und die Verschließung des Grabes nicht das Letzte in der Geschichte dieses Jesus von Nazareth gewesen sein kann, sondern dass es ein neues Handeln Gottes in der Menschheitsgeschichte gegeben hat. Jesus begegnet als Lebender seinen Jüngern. Das ist eine neue Anrede Gottes an den Menschen, d.h. etwas von der kommenden Welt der neuen Schöpfung bricht schon jetzt in die Verhältnisse dieser irdischen Vergänglichkeit ein. In der Tat kann man sich sehr darüber wundern, mit welcher Gewissheit Christen von Jesus von Nazareth so sprechen, als sprächen sie von einem Lebenden. Diese Überzeugung ist nicht auf eine bestimmte christliche Konfession beschränkt oder gar auf bestimmte esoterische Gruppen. Sie gehört zum tragenden Grund dessen, was man christliche Religion nennt. Wie man es auch wenden mag, wir berühren damit den Kern des Christentums als Religion.

Daher liegt im Osterfest für die, das Fest feiern, und für die, die es mit wachem Interesse beobachten, eine starke personale Herausforderung.

Ryn Rembrandt: Christus in Emmaus (1648). © VG Bild

Das andere Bild

Nun ist sicher deutlich geworden, dass die Christen für das Osterfest nicht mit einem bestimmten Bild auskommen. Wie das Markusevangelium einen Schluss brauchte, der von der Begegnung mit dem Auferstandenen berichtete, so ergänzen wir die Buchmalerei mit einem zweiten Bild.

Im Schlussteil des Markusevangeliums heißt es: »Darauf erschien er in einer anderen Gestalt zweien von ihnen, als sie unterwegs waren und aufs Land gehen wollten« (Mk 16,12). Diese Begebenheit ist ausführlich im Lukasevangelium überliefert (Lk 24,13-35). Darauf bezieht sich das Gemälde von Rembrandt. Jesus gibt sich den Jüngern in Emmaus zu erkennen.

Das Bild ist mehr als eine Illustration des biblischen Textes. Es enthält eine eigene Botschaft: Die Erfahrung der Männer von damals ist auch den Menschen späterer Zeit möglich. Natürlich wird dabei vorausgesetzt, dass das Erleben nicht von derselben Qualität sein kann wie damals unmittelbar nach der Auferstehung. Die christliche Überlieferung bringt eine Fülle von Beispielen dafür, dass es im Leben von Christinnen und Christen Ereignisse und Begegnungen gab, die von den Betroffenen als Zeichen der Anwesenheit des Auferstandenen gedeutet wurden. Dies ist nicht auf außerordentliche visionäre Vorgänge zu beziehen, sondern auf das alltägliche Leben, in dem sich das ereignet, was in der Umgangssprache mit »Wirken Gottes« oder mit dem Wort »Fügung« bezeichnet wird. Es sind also Vorgänge, die zum Gesamt des christlichen Lebens gehören.

Wenn Christen Ostern feiern, haben sie die Möglichkeit, auch die Erinnerung an solche Erfahrungen im eigenen Leben dankbar zu begehen. Das gehört zu dem, was als Geschenk des Auferstandenen wahrgenommen wird. Darauf verweist das Bild von Rembrandt.

Die Einladung

Kehren wir zurück zu unserem Text aus dem Markusevangelium. Er ist in seiner Grundintention so geschrieben, dass er nicht nur ein Ereignis überliefert, sondern auch transparent sein soll auf unsere Lebenserfahrung hin. Das ist eine Eigenschaft, die ihm wie den meisten biblischen Texten zukommt. Nicht nur das Bild von Rembrandt lädt den Betrachter ein, die Brücke in seine eigene Welt zu schlagen, sondern auch die Buchmalerei aus der Romanik.

Das Grab steht zeichenhaft für die Leiden, aber auch für die vielfachen Abschiede in unserem Leben. Die Frauen nun weichen dem Grab nicht aus. Sie stehen treu zu ihrer früheren guten Erfahrung, wie es in der beabsichtigten Salbung zum Ausdruck kommt. Die Gestalt der Frauen steht in der Erzählung und im Bild für diese Verbindung von Realismus und Treue. Dort trifft sie der Hinweis des Engels, der sie zu neuer Begegnung führt. Über das Erschrecken hinaus werden die Frauen bereit für eine unerwartete Eröffnung von Zukunft. Es geht nicht darum, sich nur mit den eigenen Niederlagen zu konfrontieren, sondern in der Verbindung zur Lebensgeschichte Jesu gibt es das Hören auf den Weisungsspruch des Engels.

Ostern ist also mehr als ein Fest der Erinnerung. Es ist die Einladung, die eigene Lebensgeschichte für die Wahrnehmung einer größeren Dimension zu öffnen. Wer auf diese Einladung eingeht, öffnet sich – häufig unmerklich für ihn selbst – für eine neue Botschaft, für das Wort des Engels.

Schluss

Es ist sicher verständlich geworden, warum die Kirche der ersten Jahrhunderte so großen Wert auf die Feier des Osterfestes gelegt hat. Sie bezog sich auf eine Sehnsucht, die tief im Menschen verwurzelt ist. Es geht darum, dass er im allgemeinen mit der Zeit und dem Raum zwischen Geburt und Tod nicht zufrieden ist. Für ihn »ist diese Welt eine Nummer zu klein geraten« (K. Tucholsky). Darum ist für ihn die Einladung von unschätzbarem Wert, eine personale Verbindung als Lebensbeziehung zu Jesus von Nazareth einzugehen. Er kann dabei Jesus in zweifacher Weise im Blick haben: einerseits den Weisheitslehrer Jesus und andererseits den Lebenden, den Christus. Diese Einladung wird nicht aufgedrängt, sie kommt in Symbolen und Zeichen auf den Menschen zu – damals und auch heute, unter anderem in unserem Text aus dem Markusevangelium und in den Bildern, die wir betrachtet haben.

CARSTEN HAESKE

Isaaks Opferung
Genesis 22,1-19

28. Juni 2003, ein Samstagabend. Ich sitze in der Nürnberger Lorenzkirche. Die Harfenistin beginnt ihr Instrument zu stimmen und übt ein letztes Mal ihr Solo. Vom Orchester ist noch nichts zu sehen und so schaue ich mich von meinem Platz aus in der Kirche um. Ein großer goldener Engel grüßt mich, zeitlos lächelnd, aus der Mitte des Raums. Hinter mir sind noch reichlich Plätze frei. Moderne geistliche Musik ist nicht jedermanns Sache. Bach – ja, Mendelssohn – ja, aber wer kennt schon Noam Sheriff? Ich muss gestehen, ich kenne ihn auch nicht. Ich weiß nur, dass an diesem Abend das Stück von ihm aufgeführt wird, dessen wegen ich eigens angereist bin. Der ICE hatte 70 Minuten Verspätung und so blieb mir nichts anderes übrig als auf stickige Regionalzüge umzusteigen. Stop and Go durch den Thüringer Wald, ohne Klimaanlage mit dreimal Umsteigen. Aber jetzt bin ich da. Mein Blick fällt auf die Gebetswand im hinteren Teil der Kirche. Sie ist mit kleinen Zetteln übersät: Gespräche mit Gott über das Leid und die Freude derer, die hier ein- und ausgehen. Lob und Klage, so eng bei einander in diesem Raum, seit Jahrhunderten. Das Gemurmel in der Kirche weicht dem Applaus, jetzt, da die Musiker ihre Plätze einnehmen. »Akeda – Die Opferung Isaaks« heißt das Stück, Vertonung einer alten Geschichte aus dem ersten Buch der Bibel.

Während vorne gestimmt wird, versuche ich mir die biblische Geschichte ins Gedächtnis zu rufen. Da befiehlt Gott dem Abraham, seinen eigenen Sohn zu schlachten und ihn als Brandopfer darzubringen. Und Abraham geht tatsächlich los, nimmt das Feuerholz und legt es seinem Sohn auf den Rücken. Isaak, der Sohn, fragt ahnungslos: »Sieh doch, Vater, hier ist Feuer und Holz, aber wo ist denn das Schaf für das Brandopfer?«. »Mein Sohn, Gott wird sich ein Schaf zum Brandopfer schon ersehen«. Und dann gehen die beiden miteinander. Abraham baut einen Altar, legt das Holz darauf, fesselt seinen Sohn Isaak, legt ihn auf den Altar oben auf die Holzscheite und nimmt sein Messer, um ihn zu schlachten. Doch dann, im allerletzten Moment, kommt ein Engel vom Himmel und ruft: »Abraham! Abraham! Tu ihm nichts. Jetzt weiß ich, dass du Gott fürchtest!«. Und als Abraham aufblickt, sieht er einen Widder mit seinen Hörnern in der Hecke hängen und er geht hin und nimmt den Widder und opfert den anstelle seines Sohnes. Und der Engel sagt: »Weil du das getan hast und deinen einzigen Sohn nicht verschont hast, will ich deine Nachkommen segnen und durch sie alle Völker auf der Erde, weil du mir gehorcht hast«.

Ich weiß nicht mehr, wann sie mir zuerst begegnet ist, diese grausame Geschichte. Ich weiß nur, dass sie irgendwann angefangen hat mich zu begleiten und dass sie mich seitdem nicht mehr los lässt. Und ich gestehe: Manchmal wäre es mir lieber gewesen, sie würde gar nicht in der Bibel stehen, diese Geschichte ...

Heute Abend sitze ich in der Kirche und höre die alte Erzählung noch einmal neu: als Orchesterwerk. Der Komponist hat es für einen Freund geschrieben, der auch Isaak hieß. Mit dem Unterschied, dass dieser Isaak tatsächlich abgeschlachtet wurde. Ein Isaak, der dem blinden Fanatismus eines extremistischen Attentäters zum Opfer fiel. »In memoriam Yitzhak Rabin« steht als Widmung im Untertitel der Komposition.

Anfang der 90er Jahre hatte Rabin, damals Premierminister seines Landes, in Israel den lang ersehnten Friedensprozess mit den Palästinensern eingeleitet. »Ich war 27 Jahre lang Soldat«, hatte er gesagt, »ich habe Kriege geführt, solange es keine Chance auf Frieden gab. Jetzt glaube ich fest daran, dass es diese Chance auf Frieden gibt. Wir müssen sie nutzen«. Wer hätte damals, am 13. September 1993, geahnt, dass sein Händedruck mit Yassir Arafat in Washington seinen Tod besiegeln würde? Viele Kriege hatte er gekämpft – am Ende war es der Friede, der ihn tötete. Am 4. November 1995 wurde Rabin auf dem Altar der Friedensverhandlungen geopfert. Er hatte gerade auf einer Kundgebung gesprochen – sie trug den Titel: »Ja zum Frieden, Nein zur Gewalt« – als ihn zwei Kugeln trafen, eine an der Wirbelsäule, eine an der Brust. Kein Leibwächter konnte ihn schützen. Kein Engel half ihm in letzter Sekunde heraus.

Bei der Trauerfeier sprach Präsident Clinton von einem »Opfer des Hasses«. Welchen Sinn hatte dieses Opfer? Ich muss an Rabins Enkeltochter denken. »Ich empfinde es als Zumutung, dass das Leben nicht innehielt in dem Moment, als die Kugeln ihn trafen«, hat sie gesagt. »Ich weiß, das Leben geht weiter. Ich weiß, dass jeden Tag Menschen ihre Liebsten verlieren. Ich weiß, dass der Tod ein Teil unseres Lebens ist. Ich weiß das alles. Aber ich kann es nicht akzeptieren«.

Welchen Sinn hatte dieses Opfer? Haben Opfer überhaupt einen Sinn? Beim Opfern geht es doch im Grunde um einen Tausch, so als ob wir für all das, was wir uns im Leben nehmen, auch wieder etwas hergeben müssen, etwas Wichtiges. Ich opfere meine Gesundheit dem Rauchen. Gesundheit gegen »Genuss«, sozusagen: Das mag ja noch angehen. Einen solchen Tausch kann, soll und muss jeder mit sich selbst ausmachen. Aber einen anderen Menschen opfern, das ist und bleibt mir unbegreiflich. Es gibt nichts, was ein solches Opfer rechtfertigen würde. Ich erinnere mich an einen Film, der im Dritten Reich spielt: Eine Gruppe von Juden, darunter auch eine Mutter mit ihrem Baby im Arm, haben sich vor den Nazis versteckt, die das Haus durchsuchen. Plötzlich fängt das Kind an zu schreien, weil es Hunger hat. Sie müssen es töten, um selbst gerettet zu werden. Ein Menschenopfer, damit die anderen überleben. Ein Lebensopfer für die vielen?

Immer wieder hört man, dass die Geschichte von der Opferung Isaaks eigentlich gerade von der Abschaffung des Menschenopfers erzählt. Demnach erzählte die Geschichte also gar nicht davon, dass Gott wollte, dass Abraham seinen Sohn Isaak opfert. Vielmehr würde sie dann das genaue Gegenteil besagen: dass Gott eben gerade nicht will, dass Abraham seinen Sohn opfert. Ich finde diese Erklärung zu glatt. Sie erklärt die Hintergründigkeiten der Erzählung einfach weg, macht das Unerklärliche doch noch irgendwie passgerecht.

Passgerecht machen könnte ich sie auch, die Geschichte. Wenn es nach mir ginge, dann würde ich sie sowieso ganz anders erzählen. Etwa so: Abraham war alt geworden. Lange würde sein Leben nicht mehr dauern. Jetzt machte er sich viele Gedanken. Wenn er so zurückblickte auf sein Leben, sah er vieles, auf das er ganz und gar nicht stolz war. Im Gegenteil: Abraham fühlte sich schuldig; so oft hatte er versagt, nicht das getan, was richtig gewesen wäre.

Er erinnerte sich an diese Geschichte damals in Ägypten. Das war lange her, aber die Erinnerung war noch frisch. Er hatte seine Frau verraten. Ob Sara ihm das jemals richtig verziehen hatte? Er und Sara waren nach Ägypten gegangen damals, der Hungersnot wegen. In Ägypten hatte es noch genug zu essen gegeben. Er hatte Angst gehabt, dass der Pharao ihn aus dem Weg räumen würde, um an seine schöne Frau heranzukommen. Und so hatte Abraham sie einfach als seine Schwester ausgegeben. Ein Bruder stand einer Affäre mit seiner Schwester schließlich nicht im Wege. Da war er fein raus gewesen, hatte seine Haut gerettet. An Sara hatte er damals nicht gedacht.

Ach ja, und dann war da noch die Geschichte mit Hagar, seiner Nebenfrau. Sara hatte sie einfach weggejagt, hinaus in die Wüste, mit dem kleinen Ismael, seinem Sohn. Nicht einen Mucks hatte er, Abraham, gesagt, um Hagar vor dem sicheren Tod in der Wüste zu beschützen. Dass es dann doch noch anders gekommen war, war bestimmt nicht sein Verdienst gewesen. Die Erinnerungen ließen Abraham keine Ruhe. Wie konnte er all das bloß wieder gut machen, was er in seinem Leben falsch gemacht hatte? Wie konnte er sein Gewissen beruhigen und in Ruhe seinem Lebensende entgegensehen?

So würde ich die Geschichte gerne erzählen und dann fortfahren, dass Abraham beschließt, ein Opfer sei die einzige Lösung für seine Schuld. Nur wenn er etwas abgibt, was ihm wichtig ist, wenn er verzichtet, sich selbst bestraft, nur dann könnte er akzeptabel sein auch vor Gott. Und, so würde ich gern erzählen, so entschließt sich Abraham, Gott das Kostbarste, das Liebste zu geben, was er hat: seinen Sohn. Und dann, als er das Messer schon in der Hand hat, schreitet Gott ein und ruft: »Tu ihm nichts. So bin ich nicht! Ich muss nicht zufriedengestellt werden mit Opfern. Ich bin ein Gott, der rettet und der lieben will!«

Wenn ich die Geschichte so erzähle, dann wird mir wohler ums Herz. Und der Gedanke, ein Opfer zu bringen, erscheint mir plötzlich gar nicht mehr so weit weg, wie ich eben noch dachte. »Opfern«, das ist nicht nur eine fremde Vorstellung aus einer anderen Zeit, einer anderen Religion. Sicher, der Gedanke, einen Menschen zu opfern, bleibt mir nach wie vor unbegreiflich. Aber den Wunsch, das wieder gutmachen zu können, was ich in meinem Leben falsch gemacht habe, den kann ich gut nachfühlen. Wäre das nicht fantastisch, wenn wir alles, was wir im Leben »verbockt« haben, mit einem Opfer wieder in Ordnung bringen könnten? Einfach einen Sündenbock finden und schlachten und schon wäre alles wieder im Lot. Das Opfer – eine Ersatzleistung, ein Ausgleich, eine Wiedergutmachung für all das, was ich anderen schuldig geblieben bin!

Aber leider funktioniert das mit dem Opfermechanismus eben nicht. Wenn ich meine Frau verletzt habe, dann kann ich sie nicht durch ein kleines Blumenopfer bestechen, so als sei mit einem Blumenstrauß im Handumdrehen alles wieder in Butter. Es funktioniert nicht, weil mir das Opfer vorgaukelt, dass ich selbst es in der Hand hätte, ob alles wieder gut wird oder nicht: Dabei bin ich doch vielmehr darauf angewiesen, dass meine Frau mir sagt: »Es ist in Ordnung. Mach dir keine Sorgen mehr«. Wenn sie das nicht tut, aus freien Stücken, dann kann ich mich noch so anstrengen, dann kann ich noch so viele Opfer bringen an Zeit oder Geld oder Liebe, dann hilft alles nichts. Im Gegenteil: Ich verstricke mich dann nur noch tiefer in meine Schuldgefühle. Irgendwie finde ich diesen Gedanken beunruhigend, denn mir wird daran deutlich, wie abhängig mein Leben von den Menschen ist, mit denen ich es teile, an denen ich schuldig werde und auf deren Vergebung ich angewiesen bin.

Nach dem Attentat auf das Leben seines Freundes Yitzhak Rabin war Noam Sheriff völlig verzweifelt. Und in seiner Trauer hat er sich an eine biblische Geschichte erinnert. Vielleicht hat sie ihn getragen, vielleicht hat sie ihm geholfen, den Tod seines Freundes auszuhalten. Jedenfalls begann er eine Komposition zu dieser Geschichte. Er vertont die Opferung Isaaks und versucht darin zugleich, das Verstummen vor dem Mord seines Freundes Isaak in Klang zu fassen. Seine Komposition soll ganz unmittelbar und einfach auf die Zuhörenden wirken, so wie die biblische Geschichte von der Opferung Isaaks ganz unmittelbar und einfach auf ihn gewirkt hat.

Das kann passieren, wenn ich mich mit der Bibel beschäftige, dass die biblische Geschichte zu meiner Geschichte wird. Dass sich meine Erfahrungen verbinden mit dem, was anderen widerfahren ist, damals. Und ehe ich mich versehe, spiele ich selbst mit in der alten Geschichte. Genau wie die, die die Geschichte ursprünglich erzählt haben. Vielleicht, weil sie eigene Kinder verloren hatten? Vielleicht, weil sie selbst verfolgt wurden? Genau so wie die, die die Geschichte aufgeschrieben und abgeschrieben haben, über die Jahrhunderte hinweg. Vielleicht, weil sie ihnen Mut gemacht hat, da es am Ende doch noch gut ausgeht?

Eine Wirkungsgeschichte entsteht, weil die Erzählung von der

Opferung Isaaks bis heute bei vielen etwas bewirkt hat. Immer, wenn eine Geschichte erzählt wird, geschieht sie wieder – und wenn ich sie höre oder weitererzähle, bin ich mitten drin. Ich höre ein Musikstück, das mich hineinzieht in die Geschichte der Geschichte und plötzlich finde ich mich selber wieder in dieser Auslegungsgeschichte. »Ohne sie zu lesen, bist du in der Bibel« sagt der Dichter Elias Canetti.

Der Dirigent hat den Taktstock erhoben und kurz darauf bewegt sich das Orchester in vorsichtig-mühsam tastenden Pizzicato-Schritten voran. Das Stück hat die Form einer Passacaglia: immer wieder kehrt die gleiche Folge von Grundtönen wieder und über dieser immer gleichen Grundstruktur verdichten sich Klänge wellenartig, entwickeln sich spannungsgeladene Dissonanzen und dynamische Harmonien. Es ist ein bisschen so wie mit der Auslegungsgeschichte der Bibel, denke ich: die gleiche Geschichte in immer neuen Zusammenhängen und Variationen. Als über den Streicherklängen die Harfenistin mit ihrem Solo einsetzt, das sie noch kurz vor dem Konzert geprobt hatte, schließe ich die Augen.

Wenn ich mit geschlossenen Augen Musik höre, dann sehe ich häufig Farben, so auch jetzt. Ich höre die Orchesterstimmen und darüber die Harfenglissandi und sehe dazu Farben: unten tiefes Blau und Violett, Himmel und Passion, und darüber luftiges Weiß. Die Farbtöne zerfließen in einander, so wie die herab perlenden Töne der Harfe. Blau mischt sich mit Weiß und Violett.

Und plötzlich habe ich ein Bild vor Augen, das ich vor vielen Jahren einmal gesehen habe. Jahrelang war es in mir verschüttet und jetzt sehe ich es plötzlich wieder deutlich vor mir: ein Kirchenfenster von Isaaks Opferung.

Im Sommer 1990 muss es gewesen sein, als ich das Bild zum ersten Mal sah, an einem Samstagmorgen, in der Stephanskirche in Mainz. Hinter dem Fenster ging gerade die Sonne auf und intensivierte die kräftigen Farben der Glasscheiben. Es waren diese Farben, die mich an das Bild erinnern: tiefes Blau durchzogen von dunklem Violett und luftigem Weiß. Und aus diesem weißblau-violetten Hintergrund ragen mehrere farbige Figuren hervor: goldgelb, rot und grün.

Marc Chagall hat es gestaltet, dieses Kirchenfenster, er, der jüdisch-russisch-französische Maler, Keramiker und Dichter. Auch so einer, den die Bibel seit seiner Kindheit gefesselt hat. Sein

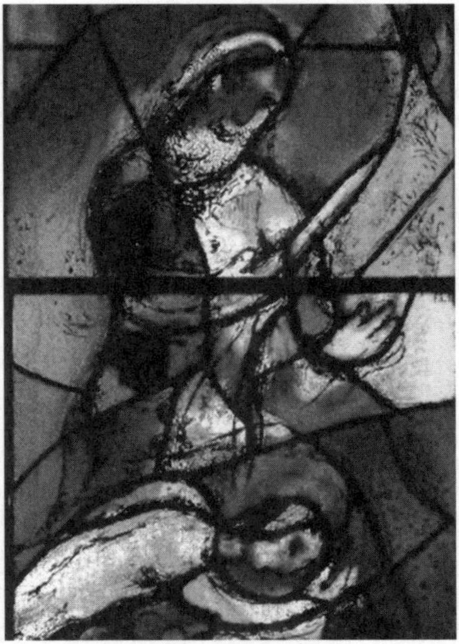

Marc Chagall:
»Das Opfer Isaaks«, 1978/79
Ausschnitt aus dem Ostfenster in St. Stephan/Mainz
© VG Bild

ganzes Leben hat sie ihn nicht mehr losgelassen. Gleich mehrfach in seinem Leben hat Chagall auch die Szene der Opferung Isaaks gemalt, immer wieder anders. Und auf diesem Kirchenfenster in Mainz deutet er die alte Geschichte noch einmal ganz neu, so wie Noam Sheriff das auch tut mit seiner Komposition.

Der Orchesterklang hat sich inzwischen gesteigert, die Musik ist kräftiger geworden. Die Streicher jagen sich in den Höhen und die Bässe darunter stapfen in schweren Schritten. Aus dem Orchester richten sich konzentrierte Blicke auf den Dirigenten, der mit der rechten Hand den Taktstock führt. Wer nicht weiß, dass er auf einem erhöhten Pult steht, könnte annehmen, er schwebe zwischen dem goldenen Engel im Chorraum über ihm und den Musikern, zwischen Himmel und Erde. Wie er dasteht, erinnert er an Chagalls Abraham.

Abraham ist die größte Figur auf dem Kirchenfenster. Es ist, als rage er von der Erde in den Himmel. Massig steht er da, mit dem Messer in der Hand, auf das seine Augen starr gerichtet sind, den Kopf geneigt, so als ob er lausche. Gelb glänzt seine Hüfte über Isaak. Ein goldgelbes Glänzen, dass daran erinnert, dass er es war, der seinen Sohn gezeugt hat. Damals als er schon die Hoffnung aufgegeben hatte, jemals Kinder zu haben, wurde ihm neues Leben geschenkt. Und jetzt, wo der Sohn ganz und gar der Verfügungsgewalt seines Vaters ausgeliefert ist, soll Abraham selbst ihm das Leben wieder nehmen. Mehr noch: Mit diesem Opfer zerstört der Vater auch seine eigene Zukunft, verhindert er die Weitergabe von Besitz und Ansehen, von Macht und Glück. Mit dem Opfer sterben alle Zukunftshoffnungen, die sich mit diesem Kind verbinden. Mit Isaak stirbt auch der Sinn von Abrahams eigenem Leben, ja die Zukunft der Verheißungen Gottes für seine Familie, für die Nachkommen, für das ganze Volk.

Ich frage mich, wie das sein kann. Wie kann es sein, dass ein Vater ansetzt, seinen Sohn zu opfern? Wie kann er ihm das Feuerholz, mit dem er verbrannt werden soll, auf den Rücken legen? Wie kann das sein, dass er seinen Sohn fesselt und das Messer zieht, um ihn abzustechen? Ist Abraham von allen guten Geistern verlassen?

Da gibt es Ausleger, die behaupten: Diese Geschichte erzähle gar nichts vom Opfer, sondern vielmehr von dem großen Vertrauen, das Abraham in Gott hat. Das kann und will ich nicht glauben. Vertrauen braucht doch keinen Test! Wer anfängt, Vertrauen zu testen, hat es doch längst schon verloren. Denn er traut dem, den er testet ja zu, dass der versagt; dass er also das in ihn gesetzte Vertrauen nicht rechtfertigt. So als sei Kontrolle wirklich besser als Vertrauen. Und selbst wenn Gott Abraham hier einem gewaltigen Vertrauenstest unterzieht, wie kann der dann bloß dabei mitspielen? Wie kann er nur einem solch perversen Befehl gehorchen?

Nicht von ungefähr wurde ein bekanntes psychologisches Experiment (Milgram) unter dem Namen »Versuch Abraham« berühmt. 1974 wurde es in einem Film mit dem treffenden Titel »Obedience« (Gehorsam) dokumentiert. In dem Experiment wird untersucht, wie weit Menschen gehen, bevor sie sich dem Befehl einer Autorität widersetzen. Den Testpersonen wird vorher mitgeteilt, es handle sich um ein Lernexperiment. Von einem Versuchsleiter im weißen Kittel bekommen sie den Befehl, anderen Personen, die hinter einer Wand sitzen, »Strafen« in Form von Stromstößen zu verabreichen. Deren Stärke wird zunehmend (bis in lebensgefährliche Bereiche hinein) gesteigert. Jedes Mal wenn die Versuchspersonen Stromstöße verabreichen, können sie sogar die Schreie der von ihnen bestraften Personen hören. Im Versuch sind die natürlich nur simuliert, aber das wissen die

Testpersonen nicht. Das Ergebnis des Experiments ist erschreckend: Obwohl viele Versuchspersonen protestieren, verweigern nur ganz wenige tatsächlich den Befehl. Eine erschreckend große Anzahl führt die »Prüfung« tatsächlich bis zum bitteren Ende durch, so wie Abraham.

Woody Allen nimmt solchen Kadavergehorsam in seiner Weise auf die Schippe. In seiner Parodie der biblischen Geschichte wird Abraham von Gott gefragt: »Wie konntest du so etwas tun?« Darauf der: »Aber du hast es doch gesagt …« - »Kümmer dich nicht darum, was ich gesagt habe«, sagt Gott. »Hörst du auf jede verrückte Idee, die dir über den Weg läuft? … Ich mache aus Spaß den Vorschlag, dass du Isaak opferst, und du rennst sofort los und tust es.« Und Abraham fiel auf seine Knie: »Sieh doch, ich weiß nie, wann du Spaß machst.« Und der Herr sprach: »Das beweist, dass einige Menschen jedem Befehl folgen, ganz egal, wie kreuzdämlich er ist …«

Im Gegensatz dazu kennt die traditionelle jüdische Auslegung einen Abraham, der sich erfolgreich gegen Gottes Befehl zur Wehr zu setzen versteht. Da wird erzählt, wie Abraham sich in einem Streitgespräch mit Gott anlegt. Er macht Gott klar, dass sein Befehl im Widerspruch zu seinem Versprechen stand. Und schließlich bringt Abraham Gott sogar dazu, den Befehl zurückzunehmen. Doch selbst das ist Abraham noch nicht genug. Er will, dass Gott nun umgekehrt ein Opfer bringt. Er, so argumentiert Abraham, habe alle seine Gefühle unterdrücken müssen, er habe den Schmerz ausgehalten und sich nicht verweigert. Daher erwarte er nun zum Ausgleich, dass Gott nichts sagen werde, wenn Abrahams Kinder und Kindeskinder und auch die späteren Generationen gegen sein Gesetz und seinen Willen verstoßen. Und tatsächlich: Gott gibt klein bei: »So sei es«, sagt er, »es genügt, dass deine Nachkommen diese Geschichte erzählen und alles wird ihnen verziehen«.

Das Erzählen der biblischen Geschichte hilft heraus. Vielleicht ist deshalb noch etwas Grün auf dem rechten Arm von Chagalls Abraham, dem Arm, der das Messer hält: Farbe des Lebens, Hoffnung auf Abrahams Widerstand, Aussicht auf einen guten Ausgang.

Im Orchester ist davon im Moment gerade nicht viel zu spüren. Die Stimmung ist noch düsterer geworden und aus den Höhen stürzen grelle chromatische Dissonanzen herab. Das Konzertprogramm verrät, dass der Komponist Harmonien eines alten italienischen Madrigals zitiert: »Moro, lasso …«, »Ich sterbe, ach, an meiner Qual«. So hätte Abraham aufschreien können, denke ich, und Isaak auch. »Akeda« heißt das Orchesterstück. »Akeda«, so nennen Juden auch die biblische Erzählung. »Akeda«, das bedeutet »Bindung«. Dahinter steht die Vorstellung, dass Isaak die Hände und Füße nach hinten zusammengebunden werden, wie einem Opfertier, damit es nicht fliehen oder sich verletzen kann. Davon, dass Isaak gebunden wird, spricht ja auch der biblische Text. In der jüdischen Tradition kann das verwendete hebräische Wort allerdings auch »schlachten, opfern« bedeuten. Deshalb hat sich in der christlichen Tradition für die Erzählung die Bezeichnung »Opferung Isaaks« durchgesetzt.

Wer von »Opferung« spricht, geht davon aus, dass das Opfer schon vollzogen ist oder zumindest vollzogen wird. Wer dagegen von »Bindung« spricht, die ja der Opferung voraus geht, nimmt an, das Opfer selbst stehe noch aus – Überschriften machen einen Unterschied. Weil sie Interpretationen vorweg nehmen. Auf dem Chagall-Fenster jedenfalls ist von »Bindung« keine Spur. Fesseln sucht man hier vergeblich. Dafür hat Isaak am Hinterkopf eine blutrote Stelle. Ist das eine Wunde, die andeutet, dass das Opfer schon stattgefunden hat?

Völlig ergeben liegt Isaak da, das Gesicht vom Messer abgewandt, die Augen geschlossen. So, als hätte er sich freiwillig dort hingelegt; so, als wolle er sich ganz Gott ausliefern, als sei er bereit sich opfern zu lassen. In der jüdischen Auslegungstradition wird die hier angedeutete Martyriumsbereitschaft noch dramatisch gesteigert, wenn Isaak dort sagt: »Binde mich fest, Vater, fessele mich, danach erst lege mich auf den Altar, damit ich mich nicht rühre und mich nicht losreiße, wenn das Messer in mein Fleisch dringt, und den Altar des Brandopfers nicht entweihe«.

Irgendwie ist diese Geschichte nicht so schwarz-weiß, wie sie auf den ersten Blick zu sein scheint. Mit jeder Figur kommen neue Aspekte ins Spiel und ich frage mich, um was und vor allem: um wen es hier denn nun eigentlich geht. Um Abraham: seinen Gehorsam, seine Opferbereitschaft, sein Vertrauen auf Gott? Oder vielmehr um Isaak: um seine Bindung, sein Martyrium und seine unverhoffte Rettung? Ich beginne mich zu fragen, wer von beiden hier denn eigentlich das Opfer bringt, der Vater oder der Sohn? Rabbi Elasar sagt: »Wenn jemand zwei Kühe besitzt, von denen eine kräftig, die andere aber schwach ist – welcher legt er das Joch wohl auf? Nicht der kräftigen?« Das hieße: Isaak wäre der Stärkere, und weil er der Stärkere ist, mutet Gott es ihm zu, den Tod auf sich zu nehmen.

Chagall hatte wohl ein ähnliches Bild von Isaak. Nicht als Kind malt er ihn, sondern als jungen Mann. Nicht als passives Objekt, wie in so vielen anderen kunstgeschichtlichen Darstellungen dieser Szene, sondern als mithandelndes Subjekt. Bewusst willigt er ein, sagt er Ja zu diesem Opfer.

Und noch etwas ist anders bei Chagall: Nicht auf Holzscheite ist Isaak gebettet, sondern auf Rundhölzer. Birkenstämme, zu einem Scheiterhaufen aufgeschichtet, so wie die Verbrennungsstätten in Konzentrationslagern, auf denen Menschen verbrannt wurden, wenn die Verbrennungsöfen die Menge der Vergasten nicht mehr fassen konnten.

Wie vielen dieser Menschen ist Isaak wohl zum Vorbild geworden? Wie viele haben sich an sein Beispiel geklammert beim Gang in die Gaskammer? »Komm, wir gehen für unser Volk« soll Edith Stein zu ihrer Schwester Rosa gesagt haben, als die beiden nach Auschwitz abgeholt wurden. Wie vielen hat Isaak Mut gemacht in ihrer Angst? Und wie vielen hat er geholfen durchzuhalten in aller Aussichtslosigkeit?

Ein elegisches Streicher-Lamento hat eingesetzt. Musikalische Klagen und Anklagen. Ich sehe die Cellistin, die mir gegenübersitzt, wie sie mit ernstem Gesicht den Bogen führt. Ihr Cello seufzt in tiefen Legatoklängen. Und dabei fällt mir Sara ein, die Chagall herein holt in die Geschichte und in sein Bild.

In der biblischen Erzählung taucht Sara gar nicht auf. Da spielen die Männer die Hauptrolle. Die jüdische Auslegung dagegen macht Sara im Verlauf des Geschehens zu einer Hauptperson, die immer wieder die Initiative ergreift. Die Ausleger versuchen sich hineinzuversetzen in das ganze Elend, das die Familie ergriffen hat, schon bevor Vater und Sohn aufbrechen.

Zu Hause weiß Abraham nicht, wie er Sara Gottes Befehl beibringen soll: »Was soll ich tun?«, fragt er sich, »soll ich es Sara offenbaren? Weiber sind schon in geringen Sachen leichtsinnig, geschweige denn in einer so wichtigen Sache wie dieser! Wiederum, offenbare ich es ihr nicht und führe ihn heimlich fort von ihr zur Zeit, wo sie ihn nicht sieht, so wird sie sich das Leben nehmen«. Nur mit einer Lüge kann er Sara dazu bringen, ihren Sohn los zu geben. Er, sagt Abraham, will Isaak zu Lehrern bringen, die ihm zeigen sollen, wie man richtig betet. »Entferne meinen Sohn nicht zu sehr von mir«, fleht daraufhin Sara, »dass er dort nicht zu viele Tage verbringe, denn meine Seele ist mit seiner Seele sehr verbunden«. Und dann nimmt sie ihren Sohn und Isaak und er schläft in der Nacht in ihrer Kammer. Sie küsst ihn und umarmt ihn und weint mit ihm. Und bevor Vater und Sohn aufbrechen, gibt Sara ihrem Mann noch einen Haufen guter Ratschläge mit auf den Weg, wie Ehefrauen und Mütter das eben manchmal so tun, wenn sie sich um ihre Söhne sorgen: »Wenn er Hunger hat«, sagt sie zu Abraham, »gib ihm Brot zu essen, und wenn ihn dürstet, gib ihm Wasser zu trinken. Und lass ihn nicht viel auf seinen Füßen laufen und nicht in der Sonne sitzen. Und lass ihn auch niemals alleine auf dem Wege gehen, und lass ihn nicht Mangel haben an allem, was er bittet, und erfülle ihm jeden Wunsch«. Es ist, als ob sie ahnte, was Isaak wirklich bevorsteht: »Pass gut auf Isaak auf. Richte deine Augen auf ihn, denn ich habe keinen anderen Sohn und keine Tochter, nur ihn«. Und dann weint Sara noch bitterlicher über Isaak und küsst ihn und umarmt ihn und herzt ihn.

Am Morgen steht sie auf, bekleidet ihren Sohn mit dem schönsten Kleid, mit Edelsteinen und einem Turban und gibt ihm Proviant mit. Doch als Vater und Sohn dann losziehen, kann sie sich nicht trennen. Sie geht einfach hinter ihnen her. Und als die beiden ihr sagen, sie solle umkehren, fängt sie wieder an zu weinen, bitterlich, und auch Isaak und Abraham weinen.

Auf Chagalls Bild ist Sara mit einem Kopftuch umhüllt, wie eine russische Mutter, Anklang vielleicht an Chagalls eigene Kindheit in Weißrussland, im Ghetto von Witebsk. Angstvoll schaut Sara herüber. Sie beobachtet das grausame Geschehen von Ferne, ohne eingreifen zu können. Verzweifelt hebt sie ihre Hände an Brust und Herz, denn ihr wird plötzlich bewusst: Sie lebt in einer Welt, in der es möglich ist, dass Väter ihre Söhne opfern. Ich stelle mir vor, für Sara ist das ein Schock, wie am 11. September: Man wacht auf und von einem Tag auf den anderen ist die Welt nicht mehr das, was sie mal war. Anders ist sie geworden: unsicherer, gefährlicher, unbegreiflicher.

Saras Welt bricht aus den Fugen. Sie weiß, dass ihr Sohn lebt, aber sie weiß auch, dass er beinahe getötet worden wäre. Er, ihr einziger Sohn, auf den sie bis ins hohe Alter gewartet hatte, nur um Haaresbreite ist er der Katastrophe entgangen. Was tun, wenn eine Welt zusammenbricht? Aus Sara bricht es heraus. Sie weint, sie schreit, sie klagt. Das jüdische Neujahrsfest, Rosch haSchana, an dem die Erzählung von der Bindung Isaaks im Synagogengottesdienst gelesen wird, wird manchmal »Tag des Schluchzens« genannt, ein Tag, der an Saras Verzweiflung erinnert. Als eine der Stammmütter des Judentums wird Sara zur Ahnin jüdischer Frauen, die in der Sorge um ihre Männer, Söhne, Väter und Brüder litten. Ist sie das eigentliche Opfer der ganzen Geschichte?

Zu weinen, zu schreien, zu klagen hat etwas Heilendes. Es erleichtert. Es nimmt etwas von dem Schmerz, weil es ihn ausdrückt. Vielleicht sind deshalb die Psalmen der Bibel voll von Schreien und Anklagen an Gott? Weil man Gott den Schmerz und das Unrecht ins Angesicht schreien kann. Und weil Gott selbst dann nicht aufhört zuzuhören.

Vielleicht hat Chagall daher Sara auf dem Bild mit Grün umgeben, weil aus aller Verletzlichkeit und Gebrochenheit des Lebens in der Klage Neues entstehen kann. Es ist, als wachse Sara auf dem Bild wie aus einem Baum heraus, als blühe ihr im Leid die Hoffnung.

Der biblische Text ist da nüchterner. Er erzählt davon, dass Sara unmittelbar im Anschluss an die Geschichte von der Opferung Isaaks stirbt. Die spätere jüdische Auslegung hat hier einen Zusammenhang hergestellt: Saras Tod sei die unmittelbare Reaktion auf das Opfer. So entsetzt sei sie gewesen, dass sie die Erfahrung nicht verkraftet habe.

Vielschichtig ist die Geschichte von der Opferung Isaaks, so vielschichtig wie ein Orchesterwerk, in dem man immer wieder verschiedene Stimmen vernehmen kann, mehr oder weniger deutlich, je nachdem, wo man im Konzertraum sitzt. Aber vielleicht ist gerade das gewollt, vielleicht bleibt manches ganz absichtlich hintergründig, vielleicht wird die Erzählung ganz bewusst in der Schwebe gehalten? Um all denen die Illusion zu nehmen, die meinen, es gäbe nur die eine gültige Auslegung.

Was mir keine Ruhe lässt an dieser Geschichte, ist, dass Gott selbst in diese Hintergründigkeit verwickelt ist. Ich dachte immer, Gott stehe auf der Seite der Schwachen, auf der Seite derer, die Leid tragen. Ich dachte, Gott kennt das Leiden, kennt den

Schmerz, weil er selbst gelitten hat. Hat er doch selbst seinen einzigen Sohn hergegeben, hat ihn geopfert für die Rettung der Menschen. Und hier nun ist er es, der das Leid auslöst, der das Opfer fordert: »Und Gott versuchte Abraham«, so fängt ja die ganze Geschichte an. Ich kann es einfach nicht begreifen, dass alles, was dann folgt, auf den Wunsch Gottes hin geschieht. Wie kann das sein? Wie passt das in mein Gottesbild? Ich weiß es nicht, noch nicht.

Vielleicht muss ich erst einmal fragen, woher eigentlich meine Ablehnung kommt. Warum will ich nicht, dass Gott den Abraham versucht? Hat es damit zu tun, dass ich Angst habe, auch selber Opfer bringen zu müssen, abgeben zu müssen, loslassen zu müssen? Das nämlich will ich nicht, zumindest nicht gegen meinen Willen.

Und dann gibt es da eine Angst, die noch tiefer sitzt. Gottes Forderung an Abraham erinnert mich daran, dass Gott vielleicht gar nicht, oder wenigstens nicht nur der liebende und rettende Gott ist. Worauf kann ich mich denn dann noch verlassen? Worauf kann ich hoffen, wenn Gott nicht bedingungslos auf meiner Seite steht? Was, wenn Gott selbst anders ist, wenn auch er zwei Seiten hat? Wo kann ich dann noch hin mit meiner Schuld, mit meiner Verzweiflung und Angst, wenn ich damit rechnen muss, dass Gott am Ende sagt: »Geh hin und opfere das Liebste, das du hast!«?

Die Passacaglia schreitet voran: vielschichtig, hintergründig, geheimnisvoll. Mein Blick streift das große Kreuz, das im Chorraum der Kirche hängt. Auch so ein zweideutiges Symbol, das Kreuz: Lebensbaum und Marterpfahl.

Was ist das für ein Gott, der solche Opfer verlangt? Zwar hat es mir noch nie so recht eingeleuchtet, all das Schlechte in der Welt auf irgendeinen Teufel zu schieben. Aber umgekehrt, auch das Böse der dunklen Seite Gottes zuzuschreiben? Mir wäre es lieber, ich hätte mit dieser Seite nichts zu tun. Bloß, so ist das Leben nicht. Genau wie Abraham stecke ich zwischen beiden Erfahrungen: den guten, heilvollen und den dunklen, angstvollen. Chagall erinnert an den Holocaust, Sheriff gedenkt der Ermordung Rabins. Und auch ich spüre etwas von dieser dunklen Seite Gottes in meinem Leben, nicht erst seit dem 11. September.

Andererseits: Vielleicht ist es ja auch eine Hilfe, zu wissen, dass ich es bei den dunklen Seiten in meinem Leben auch mit

Gott zu tun habe und nicht mit irgendeinem Teufel. Und dann: Ist es nicht auch gut zu wissen, dass Gott meine Opfer letztlich eben doch nicht will? Durch einen Widder lässt er Isaak auslösen. »Tu ihm nichts!«, das ist Gottes letztes Wort über Isaak, den Stammvater des Gottesvolkes. »Tu ihm nichts, dem Volk Gottes! Eure Schuld, eure Angst ist meine Sache, nicht eure! Ich kümmere mich um sie!«. Am Ende bleibt Gott ein Liebhaber des Lebens.

Im Fensterbild ist in der linken oberen Ecke ein feuerroter Engel zu sehen, mit dem weißen Widder in der Hand. Es ist, als stürze der Engel mit dem Ersatzopfer herbei, so als wollte er die Qual des Augenblicks abkürzen. In der jüdischen Tradition wird der Widder zum Heilszeichen. Es wird erzählt, dass von seinem Opfer nichts umkam. Seine Asche wurde zum Grundbestand des Feuers im Tempelaltar, seine zehn Sehnen wurden die Saiten der Leier Davids und sein Fell wurde Elias Gürtel. Auch die beiden Hörner des Widders finden Verwendung: In das kleinere Linke blies Gott einst auf dem Sinai. In das größere Rechte wird er blasen, wenn er die Zerstreuten aus der Verbannung befreit.

Ganz oben rechts im Bild bläst auch bei Chagall ein Engel in das Widderhorn, so wie es bis heute im jüdischen Gottesdienst geblasen wird. Am Neujahrstag, dem Tag des Lärmblasens, ertönt es, das Schofarhorn, und kündet von Gottes Gericht und von seiner Verheißung. Wie der Prophet Sacharja es angesagt hat: »Gott, der Herr, wird ins Schofar stoßen. … Der Herr der Heerscharen wird sie schützen« (Sacharja 9,14f.). Vom Schutz kündet das Widderhorn; davon, dass die Schlächter nicht das letzte Wort haben. Von der Hoffnung, dass Versöhnung wächst zwischen Israelis und Palästinensern, zwischen Deutschen und Juden, zwischen den Verfechtern brennender und kalter Kriege.

In einem insistierenden Crescendo erklingt im Orchester ein Posaunenduett, das schließlich in einer Generalposaune erstirbt. Und dann passiert das Unerwartete: ›Pacem‹ – ›Friede‹ hauchen die Musiker in den fast unhörbaren, liegenden Schlussklang.

›Möge aus dem Flüstern ein unüberhörbarer Ruf nach Frieden werden‹, denke ich in die Stille hinein, die die Kirche erfüllt, ›ein Ruf, der an die Opfer erinnert, an das Opfer Yitzhak Rabins und an das der vielen anderen.‹

Ich erhebe mich von meinem Platz. Als ich an der Gebetswand vorbei komme, blicke ich mich noch einmal um. Der große goldene Engel grüßt zu mir herüber, zeitlos lächelnd.

Exegetisch-theologische Basisinformationen

Der Text bietet keine größeren text- oder literarkritischen Schwierigkeiten. Unbestritten handelt es sich bei Vv. (14).15-18 um einen (am Stilbruch erkennbaren) späteren Einschub, der die Verheißung an Abrahams Nachkommen bestätigen soll. V. 19 könnte der Abschluss der ursprünglich selbstständigen Einheit Vv.1-13 sein. Deren strukturierendes Prinzip ist der Ablauf einer Prüfung, die aus Aufgabenstellung, Durchführung und Abschlusszeugnis besteht.

Die dramatische Wirkung der Erzählung wird bestimmt durch die dominanten wörtlichen Reden, die nüchterne Aufzählung von Aktionen und den z. T. ausführlichen Erzählstil, der der intensiven Beteiligung der Zuhörenden am Erzählten dient. »Die Darstellung hat etwas Schleppendes und Umständliches; aber so gerade gibt sie dem Leser etwas von dem Quälenden dieses Weges zu spüren ... Mit schrecklicher Genauigkeit werden die Einzelheiten vermerkt« (von Rad). Die Wiederholung des »so gingen die beiden mit einander« verleiht dem knappen Dialog zwischen Abraham und Isaak besonderes Gewicht und meditativen Charakter.

Formkritisch liegt eine (Väter-)Erzählung vor: In einem Stück der Familiengeschichte Abrahams wird Geschichte des Volkes Israel erzählt. Soziokultureller Hintergrund der Entstehung könnte eine Verfolgungserfahrung sein, in der der Verlust der eigenen Kinder reflektiert wird. Entstehungsort ist wohl das babylonische Exil. Die Erzählung hätte dann das Ziel, die künftige Funktion Jerusalems als Opferstadt hervorzuheben. Vermutlich wurde der Abschnitt in exilischer Zeit in den Abraham-Zyklus eingearbeitet, dessen Abschluss er heute bildet. Wirkungsgeschichtlich stellte die Erzählung »für das jüdische Volk in Zeiten der Verfolgung und Vernichtung ein Modell der Leidensbewältigung dar, das unbegreiflichem Unglück einen Sinn und die Würde des Martyriums verlieh«.

Auch für das Christentum hatte die Erzählung große Bedeutung. Im Neuen Testament wird Abraham zum Prototyp des Glaubenden (vgl. Hebräer 11,17-19, Römer 8,31f.). In der frühen Kirche und in der Theologie des Mittelalters wird Genesis 22 typologisch gedeutet: Isaaks Holztragen weist auf das Kreuztragen Christi, seine Rettung auf dessen Auferstehung. »In ihrer Zeitlosigkeit bleibt diese Geschichte von höchster Aktualität.« (E. Wiesel).

HELGE KLASSOHN

Wer Ohren hat zu hören, der höre!
Markus 4,3-9

Begegnung mit dem Text »Vom Sämann« (nach der Lutherübersetzung einschließlich Mk 4,1 und 2)

4,1 Und er fing abermals an, am See zu lehren. Und es versammelte sich eine sehr große Menge bei ihm, so dass er in ein Boot steigen musste, das im Wasser lag; er setzte sich, und alles Volk stand auf dem Lande am See.
2 Und er lehrte sie vieles in Gleichnissen; und in seiner Predigt sprach er zu ihnen:
3 Hört zu! Siehe, es ging ein Sämann aus zu säen.
4 Und es begab sich, indem er säte, dass einiges auf den Weg fiel; da kamen die Vögel und fraßen's auf.
5 Einiges fiel auf felsigen Boden, wo es nicht viel Erde hatte, und ging alsbald auf, weil es keine tiefe Erde hatte.
6 Als nun die Sonne aufging, verwelkte es, und weil es keine Wurzel hatte, verdorrte es.
7 Und einiges fiel unter die Dornen, und die Dornen wuchsen empor und erstickten's, und es brachte keine Frucht.
8 Und einiges fiel auf gutes Land, ging und wuchs und brachte Frucht, und einiges trug dreißigfach und einiges sechzigfach und einiges hundertfach.
9 Und er sprach: »Wer Ohren hat zu hören, der höre!«

Begegnung mit einem Gemälde
von Vincent van Gogh aus dem Jahre 1888

Vincent van Gogh wurde 1853 in Groningen in den Niederlanden geboren. Der Vater war Pastor. Vincent wuchs mit zwei Brüdern und drei Schwestern in einer Familie auf, die durch die »Schule von Groningen«, d. h. durch die niederländische reformierte Erweckungsbewegung geprägt war. Dazu gehörte die totale persönliche Hingabe im Glauben an Jesus Christus, der kein Kopfglaube, sondern Herzensglaube sein wollte. Der Lebenslauf von Vincent van Gogh weist vielfältige, sehr unterschiedliche Stationen auf. Schon als junger Mann ist er auf der Suche nach einer sinnvollen Lebensgestaltung. Er quält sich mit Zweifeln, leidet unter dem übermächtigen Vorbild des Vaters. Sein Bild von Jesus Christus ist ein sehr persönliches, von Menschlichkeit und Opferbereitschaft bestimmtes Bild. Er sieht in Jesus Christus den Pilger, der auf dem Wege durch die Welt ist, um die Menschen durch sein Leiden von ihren Leiden und Zweifeln zu erlösen. Seine spätere künstlerische Entwicklung wird von der Idee der Entsprechung seines Künstlertums zum Wege Jesu Christi mitbestimmt sein. Er war dann einige Zeit Prediger in Richmond in England in einer methodistischen Gemeinde. Dann begann er einen dreijährigen Kurs zur Ausbildung als Missionar in einer Missionsschule in Brüssel, den er aber bald abbrach, um seit 1879 auf eigene Faust als Missionar unter Bergarbeitern in Südbelgien unter großen persönlichen Entbehrungen zu wirken. Seit 1880/81 war er sich dann über sein Künstlertum im Klaren, wollte nur noch Maler sein und lebte wieder bei seinen Eltern in Groningen. Nach eigenen Zeugnissen verstand er seine Anfänge als Maler als Vorbereitungszeit für die künftige »Aussaat« seiner künstlerischen Botschaft, die reiche Ernte würde die Zahl der verkauften Bilder ausmachen. Er begann seine Malerlaufbahn auch mit Zeichnungen nach Reproduktionen von einem berühmten Bild von Millet mit dem Titel »Der Sämann«. Der Sämann war für ihn eine zentrale Gestalt, um sein eigenes Leben im Sinne einer Berufung (»einer Mission«) zu verstehen. So war seine Künstlerexistenz als »Sämann« der Versuch, dem Vorbild des Vaters als Missionar Jesu Christi auf einem parallelen Weg zu entsprechen. Übrigens war das Bild des Sämanns zur Zeit von Vincent van Gogh allseits als Symbol für die »Evangelisierung«, d. h. die Ausbreitung des christlichen Glaubens durch Predigt, Unterricht und Bibelerklärung bekannt. Es gab unzählige Drucke und Titelblätter frommer Schriften mit diesem Motiv. Für Vincent van Gogh war also das Malen eine geistige Mission und eine existentielle Pilgerreise auch durch die Leiden seines Lebens, um zur Erfüllung zu gelangen.

In einem Brief vom 18. Juni 1888 spricht van Gogh von einem Bild, auf dem »ein großes Feld unter sehr gelbem Himmel und Sonne mit reifem Korn im Hintergrund« zu sehen sei. Es fällt natürlich auf, dass Aussaat und Ernte zur gleichen Zeit nicht dem Jahresrhythmus entsprechen und demzufolge einen besonderen Symbolgehalt haben.

Vincent von Gogh: Der Säer 1888. Stedelijk Museum, Amsterdam
© VG Bild

Das Bild stammt aus dem Jahr 1888, in dem Vincent van Gogh durch den Tod von Mauves, seinem Cousin und künstlerischem Lehrer, in eine schwere Krise geraten war. Durch das Millet-Bild angeregt, malte er wohl gegen diese bedrückenden und ihn quälenden Verlusterfahrungen an. Hinter dem Motiv des Sämanns steht die Sehnsucht nach einem tieferen Sinn, nach dem Überschreiten der eigener Begrenzung. Zeitlebens war van Gogh durch bedrängende Zweifel an seiner künstlerischen Kraft gequält. Der raumgreifende feste Schritt des Sämanns nimmt den Beschauer (und den Maler?) mit hinein in eine Bewegung des »Überschreitens« und Vorangehens. Wie wir sahen, hatte das Motiv vom Sämann als Bild für die Verbreitung des Christusglaubens Vincent van Gogh schon seit langer Zeit beschäftigt, wie auch aus seinen Predigten während seiner Missionarszeit hervorgeht. Wenn wir die Frage bedenken: »Wer ist der Sämann?« spielt natürlich die Person von Vincent van Gogh auch dabei eine Rolle. Er sieht sich auch als Maler mit einer Sendung beauftragt, sieht sich als Maler auch als Missionar, der seine Botschaft »aussät«. Übrigens begegnete Vincent van Gogh in dieser Zeit auch der Musik Richard Wagners, welcher seine Kunst als ein Mittel zur religiösen, spirituellen Erneuerung der Menschheit und als »trostspendendes Evangelium« sah.

So können wir sagen, dass »der Sämann« auch der Maler selbst ist, der mit seiner Kunst der kommenden Welt dienen will. Das Bild hat für ihn eine tiefere Bedeutung, weil es ihm seine eigene Bedeutung sichtbar zu machen vermag auf dem Wege seiner künstlerischen Entwicklung, auf seiner Pilgerschaft durch die Welt. Van Gogh hat an dem Bild immer wieder gemalt, hat die Leinwand öfter übermalt, neue Farbtöne aufgelegt, den Hintergrund vereinfacht, die Kleidung des Sämanns anders getönt usf. Diese künstlerische Auseinandersetzung spielte sich in der Stille des Ateliers ab und nicht etwa draußen in der Landschaft. Es geht ja um die inneren Bilder des Malers, um sein Ringen mit sich selbst, um sein Bemühen, seine Fähigkeiten und die Begrenztheiten auch seiner Inspiration zu überschreiten. Es geht um das Eigentliche in einem künstlerischen Leben, das andere nur wie das eines »Verrückten« jenseits aller alltäglichen Realität erscheinen musste, wie das van Gogh einmal selbst gesagt hatte. Er sieht sich als Künstler, der Ideen »aussät«, der aber des Erfolges, der Akzeptanz, der Ernte nicht gewiss sein kann, ja vielleicht nicht gewiss sein darf. So war van Gogh immer von Zweifeln gequält, ob es ihm jemals gelingen werde, jenes Meisterwerk zu produzieren, das »zum Meilenstein der zeitgenössischen Kunst« werden könnte und sollte. Der Sämann van Gogh war oft voller Skepsis im Hinblick auf den Erfolg seiner Arbeit und sagte von sich selbst, er sei »ein Ochse«, d. h. (nach einem alten französischen Sprichwort) dass er vergeblich arbeite.

Durch seine Malerei, die nicht abbilden, sondern zu erkennen geben will, also »sehen lässt«, wird aber die Begrenztheit auch unseres Erkenntnisvermögens überschritten und Hoffnung gesät.

Während der Gedanke an die Vergeblichkeit seines Tuns ihn ständig innerlich und äußerlich bedroht und quält, kommt er einfach nicht zum vollendeten, endgültigen wahren Kunstwerk, das ihn Christus, den »eigentlichen Künstler« – wie er einmal gesagt hat – nahe bringen würde. Es fehlt ihm an äußerer Akzeptanz, an Verständnis, an dauerhafter Zuwendung und Anerkennung und die Sehnsucht danach zerreißt ihn fast. Die besondere Hoffnung van Goghs richtete sich im Jahre 1888, als unser Bild entstand, auf die Ankunft von Paul Gauguin bei ihm in Arles, mit dem er eine Art mönchischer Künstlerkolonie begründen wollte, »Gelbes Haus« oder »Atelier des Südens« genannt. Vielleicht würde es ihnen gemeinsam gelingen, durch die Schöpfung »wahrer Kunstwerke« die Überschreitung und Überwindung der Verlusterfahrungen in der eigenen Existenz zu schaffen, dann wenn die Unendlichkeit »greifbar« und erkennbar geworden sei. Dabei war ihm deutlich, dass die Vollendung in der Kunst immer Gabe, Geschenk, Ereignis des »ganz anderen« sei, um die sich der Künstler mit Anspannung aller Kräfte doch auch zu bemühen habe. Im Schaffensakt sei der Künstler im Augenblick des künstlerischen Schaffens Gott ganz nahe, »es« geschehe, »es« sei dann da und alles sei dann gut. Der Maler und Künstler sei dabei ein Geführter und nicht ein Wollender und Planender. In dieser Hinsicht habe das Malen gerade in seiner Absichtslosigkeit auch eine Nähe zum Träumen.

So gesehen ist »der Sämann« als Kunstwerk ein uns im Schauen gewährtes Ereignis der Begegnung mit der anderen Welt und nicht nur Abbild dessen, was Jesus im Gleichnis erzählt. Ein solches Meisterwerk, wie wir es auch hier vor Augen haben, zu schaffen, bedeutet aber, einen »ewigen Kampf mit dem Realen« – wie dies Paul Gauguin einmal gesagt hat.

1888 ist für Vincent van Gogh auch ein Jahr, in dem er »unter einem alten Bedürfnis nach Religion« leidet. Er schreibt in einem Brief an seinen Bruder Theo (vom 29.09.1888): »Ich kann sowohl in meinem Leben als auch in meiner Malerei wohl ohne Gott auskommen, doch leidend (!), wie ich nun einmal bin, schaffe ich es nicht ohne etwas, das größer ist als ich selbst, etwas das mein Leben ist – die Fähigkeit zu schöpfen«. Vincent träumt dann davon, einen Sämann und »ähnliche poetische Motive« zu malen.

Im November 1888 malt Vincent van Gogh eine dritte Version des »Sämann« mit dem Baum, den ausbrechenden Blüten und der Industriestadt im Hintergrund, die wir von vielen Reproduktionen her kennen. Dieses Bild könnte eine symbolische Darstellung der geistlichen Wiedergeburt sein. Jedenfalls weist der Baum mit den jungen Trieben darauf hin. Van Gogh selbst fand die frühere Version des Motivs übrigens besser als die spätere. Ein Jahr später malt van Gogh dann in Sainte-Remy ein Bild mit dem Titel »Der Schnitter«, sozusagen das Gegenmotiv zum »Sämann«. Es ist mehr ein Bild vom Tod und der unausweichlichen Erntezeit und nicht ein Bild der Hoffnung, wie unser Sämann.

Informationen zum Bibeltext

Wenden wir uns nun wieder dem Bibeltext Mk 4 (1 und 2) 3-9 in der Übersetzung von Joachim Gnilka (»Das Evangelium nach

Markus«, EKK II,1, 4. Auflage 1994) zu und hören wir nun noch einmal seine Worte in dieser modernen wissenschaftlichen Übersetzung:

»1 Und wieder begann er am Meer zu lehren. Und es versammelte sich bei ihm eine gewaltige Volksmenge, so dass er in ein Boot steigt, um sich auf das Meer zu setzen. Und die ganze Volksmenge war auf dem Land gegen das Meer zu.
2 Und er lehrte sie vieles in Gleichnissen, und er sprach zu ihnen in seiner Lehre:
3 Höret! Siehe, ein Sämann zog aus zu säen.
4 Und es geschah, dass beim Säen einiges auf den Weg fiel. Und die Vögel kamen und fraßen es.
5 Und anderes fiel auf Felsboden, wo es nicht viel Erdreich hatte. Und sogleich sprosste es auf, weil es nicht viel Erdreich hatte.
6 Und als die Sonne aufging, versengte es. Und weil es keine Wurzel hatte, verdorrte es.
7 Und anderes fiel in die Dornen. Und die Dornen gingen auf und erstickten es, und es brachte keine Frucht.
8 Und anderes fiel auf guten Boden und brachte Frucht, indem es aufging und wuchs, und trug dreißig- und sechzig- und hundertfach.
9 Und er sprach: Wer Ohren hat zu hören, höre!«

Einleitende Bemerkungen
Dieser Bibeltext ist vielen Bibellesern und Predigthörern vertraut, aber es ist durchaus kein so genannter »leichter Text«. Er ist offen und verschlossen zugleich. Er entzieht sich dem simplen Zugriff, auch wenn die sehr frühe christliche Deutung in Mk 4, 13-20 auf den ersten Blick ein einleuchtendes Verständnis nahe legt. Schon die Vielzahl der Überschriften in den verschiedenen Bibelausgaben und Textauslegungen ist ein Indiz für das spannungsreiche Eigenleben und die vielfältige Auslegungsgeschichte unseres Bibeltextes. Je nachdem, ob man den Sämann – ich erinnere hier an das Bild von van Gogh –, den Samen oder den Acker bei der Begegnung mit diesem Gleichnis in den Vordergrund rückt, wird es das »Gleichnis vom Sämann« oder das »Gleichnis vom vielerlei Acker« oder das »Gleichnis vom ausgestreuten Samen« oder auch das »Gleichnis vom zuversichtlichen Sämann«. Diese Überschrift würde ich dem Text selbst gerne geben.

Die Schilderung der Szene am Ufer des Sees Genezareth Mk 4,1 und 2 ist eine redaktionelle Einfügung durch den Evangelisten Markus. Es ist keine historische Szene, sondern »eines der Bilder, das der Glaube von Jesus malt, um zu zeigen, wie er ihn erkennt« (Eta Linnemann). Jesus lehrt in einem Boot sitzend eine große, am Ufer versammelte Menschenmenge vom See aus »in Gleichnissen«. Der Evangelist Markus berichtet so von Jesus als dem »Lehrer«, dem die Menschen zuströmen, um seine heilsbringende »Lehre« zu hören.

In Mk 1,14 und 15 hatte der Evangelist gleichsam die Überschrift über alles folgende in seinem Bericht gesetzt: »Nachdem Johannes gefangen gelegt war, kam Jesus nach Galiläa, verkündigte das Evangelium Gottes und sprach: Die Zeit hat sich erfüllt; das Reich Gottes ist nahe, kehrt um und glaubt dem Evangelium«. Markus schildert Jesus in seinem Evangelium als den Messias, den Retter, den Erlöser, der den Menschen die »Geheimnisse« des nahen Reiches Gottes in seiner »Lehre« nahe bringt, die das neue und revolutionäre Kommen des Reiches Gottes gerade durch die Gleichnisse erkennen lässt und seine rettende Macht in kostbaren Worten und wunderbaren Taten erweist.

Mit unserem Text Mk 4,3-9 bietet der Evangelist dann das eigentliche Gleichnis, das sicher palästinensischen Ursprungs ist und durchaus auf Jesus selbst zurückgehen könnte.

Einige historisch exegetische Anmerkungen

Die Szene Mk 4,1 und 2 ist, wie wir sahen, vom Evangelisten Markus geformt worden. Auffallend ist dabei, dass Markus von einer »Lehre« (Vers 2) in Gleichnissen redet, während es sich bei den Gleichnissen Jesu ursprünglich doch gerade nicht um eine systematisch geordnete »Lehre«, sondern um »Geschichten« handelte, in die die Hörer beim Hören einbezogen wurden. Die Gleichnisreden Jesu sind nach dem Bericht des Evangelisten Markus eigentlich »Missionspredigten« am Ufer des Sees Genezareth vor der großartigen Kulisse der Berge Galiläas. Jesus lehrt die Volksmassen »in Vollmacht und nicht wie die Schriftgelehrten«, sagt Markus in Kapitel 1,22. Der Inhalt seines vollmächtigen »Lehrens« ist die Ankündigung des Reiches Gottes (vgl. 1,14 und 15), die Form seines Lehrens ist die von Gleichnissen, eine nach Mk 4,10-12 dem Volke und dem Kommen des Reiches Gottes angemessene Verkündigungs- und Lehrweise.

Dass es um die Reich-Gottes-Botschaft geht, wird durch den Ruf »Höret!« (»Mal herhören!«) unterstrichen. Es geht jetzt um das Wichtigste für die Menschen, um die große Wende in ihrem Leben und in allen Verhältnissen. Wenn Gottes Reich nahe ist, dann gilt, dass »... alles in uns schweige« – wie Gerhard Tersteegen es im Liede »Gott ist gegenwärtig« ausrückt (EG 165, 1). Die Grundbotschaft der Reich-Gottes-Verkündigung lautet: »Gott ist für euch da«. Er will nicht ohne euch Gott sein und ist nicht gegen euch, sondern Gott ist die bestimmende und ergreifende Wirklichkeit eures Lebens.

Das folgende »Siehe« appelliert nicht an die Vorstellungskraft, sondern gehört zur folgenden Erzählung etwa in dem Sinne: »Jetzt kommt es! – Jetzt geht es los! Jetzt wird es wichtig!«

Erzählt wird ein im Leben der galiläischen Landleute höchst alltäglicher Vorgang. Es geht nicht allgemein um das schwere Leben der Bauern und Landarbeiter zur Zeit Jesu in den Bergen Palästinas, sondern um den einen speziellen Vorgang des Säens. Darum wird der Handelnde (nur) als »Sämann« bezeichnet. Dass die Saat zum Teil auf den Weg, zum Teil auf felsigen Untergrund, zum Teil auch von Unkraut verseuchten Boden (Dornen) fällt, ist alltägliche Erfahrung der palästinensischen Bauern.

Wie schon der Forscher Gustav Dalmann gezeigt hat, wurde im alten Palästina vor dem Pflügen auf den meist durch Abbrennen gereinigten Ackerboden gesät. Die Saatkörner wurden dann beim anschließenden Pflügen mit dem Hakenpflug in die Erde gebracht. Wenn es Trampelpfade quer über das Ackerstück oder an den Rändern entlang gab, so hatten die Vögel leichtes Spiel und das Pflügen half nicht viel. Außerdem ist die Ackerkrume speziell in Galiläa in Nordpalästina über dem gewachsenen Felsen oft nur dünn. Tauwasser oder Regen bleibt auf diesem Teil der Ackerfläche zunächst stehen, wird dann aber durch die Sonnenhitze bald aufgezehrt, so dass die schnell aufgewachsenen Getreidepflänzchen doch bald vertrocknen. Und wenn der Bauer auch das vertrocknete Unkraut, die »Dornen« vor dem Säen abgebrannt oder gar ausgerissen hat, der Unkrautsamen bleibt doch im Boden und geht nach dem Pflügen schnell auf, verdrängt und »erstickt« leicht die Getreidepflänzchen. Aber es gibt auf den Ackerflächen auch »gute Böden«, sonst wären sie nicht an diesem Ort einmal angelegt und wären schon längst aufgegeben worden. Wenn alles einen guten Verlauf nimmt, kann die Aussaat durchaus guten und reichen Ertrag bringen.

Auch wenn der »Sämann« die Verschiedenheit des Bodens auf seiner Ackerfläche gut kennt, auch wenn er um die Gefahren durch Unkraut und Vogelfraß weiß – es hilft nichts – er muss und er wird das Risiko immer neu eingehen und den Samen mit weit ausholendem Schwung über den ganzen Acker verteilen. Es wird dabei Verluste geben – was kann man auch anderes erwarten! Aber die Arbeit muss jetzt getan werden ohne Zaudern und Zagen, am frühen Morgen, so lange der Boden noch taunass ist.

Das Gleichnis ist für mich von einem großen Realismus bestimmt. Einer fast schmerzhaft deutlichen »Weltnüchternheit« wird hier Raum gegeben. Zugleich ist auch so etwas wie ein ironischer Unterton wahrnehmbar: »Was beschäftigst du dich so sehr mit den Aussicht, den Bedingungen und Hindernissen für dein Tun? Weißt du denn, wie viele Saatkörner jeweils unter die Dornen, auf den Weg und auf den felsigen Boden fallen werden?« Es gibt eben diese Verschiedenheiten, und es werden auch Plagen, Hemmnisse und Enttäuschungen eintreten. So ist es eben, wenn der Bauer seine Arbeit tut. Aber jetzt und heute ist die Zeit und Stunde, sorgfältig, »flächendeckend« und zuversichtlich die Arbeit des Säens zu tun und nicht am Sinn dieser Arbeit zu zweifeln. Gewiss, das Saatgut ist kostbar! Es ist das beste Korn, das vom Munde abgespart wurde. »Saatfrüchte sollen nicht gemahlen werden« – so lautete der Titel eines berühmten Holzschnittes von Käthe Kollwitz, aber zum Säen ist das Saatgut gerade gut genug. Und jetzt ist die Zeit zum Säen, und diese Zeit darf nicht vertan und versäumt werden, damit das Leben nach Gottes Willen eine Zukunft hat.

Nicht im Außergewöhnlichen des möglichen Erfolges oder Misserfolges, sondern in der »zuversichtlichen Nüchternheit«, im »gläubigen Realismus« (so eine berühmte Wendung von Paul Tillich), mit der das Nötige getan wird, liegt für mich das Anrührende, Spannende und auch »Anstoßende« dieses Gleichnisses. Es spricht ja nicht zuerst von der großen Ernte, der nahen festlichen Hochzeit, der wunderbaren Erfüllung im Reich Gottes, sondern erzählt vom zuversichtlichen Tun des Sämanns, der seiner Arbeit nachgeht und sowohl die Erfahrung mit den zu erwartenden Vergeblichkeiten als auch mit der Fülle der kommenden Ernte kennt und zu ertragen weiß. Es geht um das Leben im nahen Gottesreich, das doch ein ganz anderes Leben mit anderen Maßstäben ist, mit anderen Hoffnungen und anderen Kräften als das uns gewohnte und vertraute.

Gott lässt uns in dieser Welt nicht allein. Er überlässt seine Schöpfung nicht sich selbst und überlässt die Menschen nicht den Konsequenzen ihrer Taten und Untaten, sondern er wendet sich ihnen in liebender Aufmerksamkeit zu, kommt entgegen, ist anwesend und mittendrin. Dieses Evangelium will unter die Leute, und es muss jetzt verkündigt werden – zuversichtlich, unverdrossen und unverzagt! Und warum sollte man zweifeln, dass es eine sehr gute Ernte geben kann und geben wird?

Wer aber ist nun der Sämann? Unser Gleichnis wird ursprünglich für sich selbst existiert haben vor der Zeit des Evangelisten Markus und wird auch für sich verständlich gewesen sein, ohne den Zusammenhang im Evangelium des Markus, wenn auch manches weiterhin interpretationsfähig und interpretationsbedürftig bleibt. Aber vielleicht ist das gerade die Absicht. Die Gleichnisse als »Reich-Gottes-Geschichten« wollen ja nicht gleich alles erklären, nicht das Zukünftige jetzt abbilden, sondern sie wollen in Bewegung bringen, wollen erkennen lassen, wollen anrühren und anstoßen wie die Bilder von van Gogh. Der berühmte Forscher und Exeget des Neuen Testamentes Rudolf Bultmann hat einmal in seinem Werk »Die Geschichte der synoptischen Tradition« ein wenig ratlos, ja fast ärgerlich gefragt: »... ist sie (diese Geschichte, H.K.) ein Trost für den Menschen, wenn nicht alle seine Arbeit Früchte trägt? Ist sie in diesem Sinne gleichsam ein halb resignierter, halb dankbarer Monolog Jesu? Ist sie eine Mahnung an die Hörer des göttlichen Wortes, der Predigt Jesu?« Wir sehen, das Gleichnis als Reich-Gottes-Geschichte gibt zu denken und zu fragen.

Wer ist der Sämann? Nun, es scheint mir ganz deutlich zu sein, dass es hier um den geht, der das Gleichnis erzählt, um seine Verkündigung, um seine Botschaft vom Reich Gottes, die ja auch heute die Botschaft der Kirche in einer säkularen Gesellschaft ist. Jesus selbst ist der Sämann. Um ihn geht es. Seine Botschaft, das Evangelium vom weltnahen, menschlichen Gott begegnet natürlich unterschiedlichen Reaktionen. Aber es bedarf vor allem unermüdlicher und zuversichtlicher Hörer, Verkündiger und Täter. Und immer ist »Saatzeit«! Immer weiter gilt es, die Saat auszusäen in Zuversichtlichkeit und Selbstverständlichkeit, mitten im Alltag der Welt. An Großzügigkeit, an weitem Wurf und an zuversichtlicher Risikobereitschaft sollte es dabei niemand fehlen lassen. Wenn man jetzt schon alles selber sehen und vorausberechnen wollte, was richtete man an! Es ist doch allemal besser und menschlicher zu hoffen als zu verzweifeln. Und es ist nicht genug, dass ein jeglicher Tag »seine eigene Plage« habe, wie Jesus in der Bergpredigt (nach dem Bericht des Matthäus auch am See Genezareth) den Volksmassen gesagt hat? Ängstlich befürchtete Erfolglosigkeit darf nicht an der Erwartung der großen Taten Gottes hindern, auch nicht in solch einer eklatant glaubensfremden und gottvergessenen Situation wie in der unseren hier in Deutschland.

Was wäre dem in Jesus Christus uns nahegekommenen Reich Gottes angemessener, als auf sein Wort zu hören, der uns gerade diese Geschichte erzählt: »… Ein Sämann zog aus zu säen …« (Mk 4,3)?

Indem ich aber das Hinhören derart betone, bin ich schon bei der Auslegung des Gleichnisses, wie sie Spätere (vgl. Mk 4,13 ff) vorgenommen haben. Im Gleichnis selbst wird betont: »Die Hoffnung auf das Reich Gottes und die Erwartung der großen Taten Gottes an den Menschen sind realistisch und gut begründet. Der Acker wird reiche Frucht bringen. Und das wird im alltäglichen Heute geschehen und nicht in einem fernen, jenseitigen Morgen.«

So beten wir ja auch im Vaterunser voller Zuversicht: »Unser tägliches Brot gib uns heute«. So lässt uns diese von Jesus erzählte Reich-Gottes-Geschichte die Nähe und Gegenwart Gottes erfahrbar werden und eröffnet uns neue Verstehens- und Lebensmöglichkeiten. Das Gleichnis will als »weltliche Geschichte von Gott« die Hörer in Bewegung bringen, will mitten im Alltag der Welt Neues erschließen und zu denken geben. So wie der Dessauer Bauhausmeister Paul Klee von seinen Bildern gesagt hat, dass sie nicht »abbilden«, sondern »sichtbar machen« wollten, so will unser Gleichnis das alltäglich Sichtbare nicht nur erzählend und vergleichend abbilden, sondern in, mit und unter dem Alltäglichen uns die Nähe der Gottesmacht erkennbar und sichtbar werden lassen.

Das Gleichnis macht aus uns Zuhörern persönlich Betroffene, bezieht uns in das Reich-Gottes-Geschehen ein, spielt uns neue Verstehens- und Erfahrungsmöglichkeiten zu, ist befreiend und belebend – übrigens auch durch den Ton der Ironie. Indem vom Kommen des Gottesreiches und einem entsprechenden menschlichen Verhalten in ganz weltlichen, alltäglichen Bezügen erzählt wird, wird damit doch die Welt- und Alltagserfahrung von uns Hörern verfremdet, vertieft und gewandelt. Wir bleiben nicht bei uns selbst, Selbstverständliches und Alltägliches erhält eine neue Bedeutung in der Spannung von vertrauter Realität und neuer Möglichkeit.

Dies alles geschieht aber im Ton des werbenden Angebotes und der einladenden Bitte, weniger in dem der zwingenden Warnung und Mahnung. Aber keinesfalls dürfen wir dies Gleichnis, wie auch die anderen Gleichnisse Jesu, als »menschenfreundliche Allerweltsbelehrungen« (Klaus Berger) missverstehen. Dafür steht zuviel auf dem Spiel! Wir können auch als Hörer an den Gleichnissen scheitern, den Anbruch des Reiches Gottes verfehlen durch selbstsicheres Urteil und durch fehlende Aufmerksamkeit und Intuition.

Warum Jesus dieses Gleichnis erzählt? Wohl, um die Aufmerksamkeit seiner Zuhörer für die Lebenswende zu wecken und zu schärfen, die sich ihnen in der Begegnung mit Jesus Christus und Gottes gerechter, erbarmender und vom Bösen befreiender Macht darbietet. Sie sollen weder mutlos werden noch die Gelegenheit zur großen Wende versäumen. Die Jesus Christus Nachfolgenden und in seinem Sinne Lebenden und Handelnden haben die Aufgabe, die Botschaft vom nahen Reich Gottes und seiner erlösenden Macht den Menschen nahe zu bringen. Sie sollen diese Arbeit nüchtern und unverzagt tun, ohne sich von Erfolgsaussichten oder Misserfolgsängsten den Sinn für das Nötige trüben zu lassen, obwohl der Acker steinig und die Widerstände nicht gering sind. Davon ist ja schon in der frühchristlichen Deutung des Gleichnisses in Mk 4,13-20 die Rede. Aber ich kann nicht finden, dass der »normale Erfolg des Wortes Gottes der Misserfolg« (Julius Schneewind) sein müsse. So nüchtern und realistisch, ganz im Sinne des Gleichnisses wir die bleibende Vielfalt der Gottesbegegnung und Glaubensweise zu akzeptieren haben, so sind doch Phantasie, Mut, Zuversicht, Risikobereitschaft, Großzügigkeit und Hoffnung denen ermöglicht, die sich vom Wort des »unverzagten Sämanns« Jesus Christus selbst angesprochen und ergriffen finden und selbst zu Säleuten in seiner Nachfolge haben machen lassen.

Warum ich dieses Gleichnis gewählt habe

Als Mitglied der Leitung einer evangelischen Landeskirche in Ostdeutschland spricht mich natürlich die »gläubige Sachlichkeit« und die Risikobereitschaft in diesem Gleichnis an. Wir brauchen in unserer Situation diese Unverzagtheit und Tapferkeit des Glaubens an die Gegenwart Gottes, um den Menschen an ihren Lebensorten das Evangelium, Gottes gute Botschaft nahe zu bringen und sie für ein Leben mit Christus zu gewinnen. Die im Angesicht des nahen Gottesreiches so lebensnotwendige und in liebender Aufmerksamkeit für die Menschen auszurichtende Seelsorge darf uns dabei nicht zur »Zählsorge« um Minderheits- oder Mehrheitsstatus, um Einflusssphären, um Erfolgskontrolle und Öffentlichkeitskampagnen verkommen.

Die Begegnung mit der Ansage des Reiches Gottes jetzt lässt Menschen nicht sprachlos und entmutigt zurück, sie will Verlockung, Herausforderung sein, eine »Aufforderung zum Tanz«. Die Reich-Gottes-Ansage im Namen Jesu Christi hat nach meiner Erfahrung viel mit »Bewegung« und überraschenden Einsichten und geschenkten Handlungsmöglichkeiten zu tun. Das kostbare Saatgut muss also jetzt auf den Acker, das Evangelium vom uns nahe gekommenen mitmenschlichen und gnädigen Gott muss jetzt in die Welt und unter die Leute. Es will und muss an ihren Lebensorten, mitten in ihrem Alltag präsent werden – ermutigend, klärend, hoffnungsstärkend, Liebe weckend. Unsere Jüngerschaft, unsere Gemeinde- und Kirchenexistenz und auch meine kirchliche Arbeit hat doch eigentlich darin ihren Sinn, dass wir die Arbeit des Menschengewinnens tun, indem wir das Evangelium vom nahen Reich Gottes unter die Leute bringen und für die Ausbreitung des Wortes Gottes nach der biblischen Überlieferung sorgen. Da hat dann auch die in unserer Kirche zur Zeit leider allzu gegenwärtige »Zählsorge« ihre Grenze. Jetzt ist aber »Saatzeit, gute Zeit auf den Acker zu gehen.« Ernten werden vielleicht unsere Enkel hier in Ostdeutschland.

Ich wünsche mir sehr, dass wir uns im gemeinsamen Wort- und Tatzeugnis mit unserer römisch-katholischen Schwesterkirche mehr und mehr zusammenfinden in einem geistlichen Aufbruch, damit von uns gemeinsam unverzagt gesät wird, geduldig, beharrlich, zuversichtlich, weitwürfig, großzügig und »flächendeckend« in unserem reichen, armen Land. Es gibt nach meiner Erfahrung ein überschießendes Potential an Glauben, an

Menschlichkeit und Liebe, wenn Menschen unmittelbar und direkt auf das Wort Jesu Christi selbst hören. Auf dieses Potential traue ich, damit Gerechtigkeit, Frieden und Lebensbewahrung zum Zuge kommen. Natürlich gibt es auch Ärger über Vergeblichkeiten, über »Strohfeuer der Begeisterung«, über Dornengestrüpp und allgegenwärtiges Unkraut. Das will ich gar nicht leugnen. Aber der Sämann, auf den es ankommt, der sät seinen Samen unverzagt.

Für mich gehören »Mission« und Reich-Gottes-Ansage (= Verkündigung) im Namen Jesu Christi zusammen. Unser Bibeltext unterstreicht das. Für die Mission sind unsere Geduld, unser Wartenkönnen (»man muss warten können auf die Menschen«, sagt Johannes Bobrowski) und unsere zähe, wägende und zuversichtliche Hoffnung nötig und das ungeteilte Hören in liebender Aufmerksamkeit auf das Wort dessen, der da zu erzählen beginnt: »Siehe, ein Sämann zog aus, um zu säen …«. Im Hören auf sein Wort gewinnt sogar das Alltägliche eine besondere, heilende Kraft in der alles entscheidenden Begegnung mit Gottes Macht unter den »Leuten« und mit den »Leuten«. Leider haben wissenschaftliche Theologie und amtliche Kirche in Deutschland seit ziemlich langer Zeit nicht mehr mit hinreichender Deutlichkeit zu sagen gewusst, was das sei: Gottes Reich und unsere Verkündigung des Reiches. Ich frage mich, ob das nicht mit eine Ursache für die Leere und Bindungsschwäche des deutschen Protestantismus zur Zeit ausmacht.

Ich bin mir im Klaren, dass die zum großen Teil berechtigte Ablehnung des »Schwärmertums« am linken Rand der Reformation auch zu dieser lang dauernden Reserve gegenüber dem Hoffnungs- und Ermutigungspotential in der biblischen Überlieferung vom Reich Gottes geführt hat. Utopien, zu denen die Reich-Gottes-Theologie auch immer wieder gelockt hat, und die begleitende politische Praxis haben diese Reserve verstärkt.

In der Ökumene hat die theologische Rede vom Reich Gottes seit geraumer Zeit auch im Zusammenhang mit den Themen »Gerechtigkeit«, »Frieden«, »Schöpfung« und »Leben« eine zunehmende Rolle gespielt. Luther selbst hat einmal gemeint, dass das Reich Christi (= Reich Gottes) zwar nicht von unserer Welt, wohl aber in unserer Welt sei. Wie wir bei der Gleichnisauslegung sahen, muss es sich dabei nicht um ein unanschauliches, lebens- und weltfremdes Theologisieren handeln. Das Reich-Gottes-Geschehen bleibt sicher auch Geheimnis, aber es wird uns in Gleichnissen gegenwärtig und bleibt den Nachfolgern Jesu keineswegs unzugänglich. Wer auf die offenbare Gegenwart von Gottes Macht und Herrschaft über diese Welt in Gerechtigkeit und Frieden hofft, der ist dazu befreit, das Seine zu tun, um gegen die Ursachen von Hoffnungslosigkeit, Ungerechtigkeit und Verzweiflung in seiner alltäglichen Welt anzugehen. Er tut dies umso mehr, je eindringender und unverzagter er betet: »Dein Reich komme!« Die Reich-Gottes-Hoffnung hat eine macht- und politikkritische Dimension, wenn sie auch betend darüber hinaus greift und die Erfüllung der Verheißung von Gott selbst erwartet. Auch wenn wir zur Zeit »mit Tränen säen« (Psalm 126), auch wenn das »Krisenzeugnis« unserer evangelischen Landeskirchen lauter klingen mag als das Reich-Gottes-Zeugnis – wir erwarten doch alle, dass es eine »Ernte mit Freuden« geben wird. Deshalb können wir auch nicht mit der »Menschenfischerei« aufhören. Was gäbe es Schöneres, als Menschen für das Hören auf das Wort Christi vom nahen Gott zu gewinnen? Meine ganz persönliche Hoffnung ist: Je tiefer, konzentrierter und zuversichtlicher sich unsere Gemeinden und Kirchen als Gemeinschaften der Nachfolgerinnen und Nachfolger Jesu Christi (um sein Wort und um die Feiern seiner lebendigen Gegenwart) verstehen, desto anziehender und gewinnender werden sie auch auf unsere Zeitgenossen heute wirken.

Acht Sätze zur »Mission« in Ostdeutschland

1. Die in Ostdeutschland so lange dauernde und tiefgehende Entfremdung von der Kirche Jesu Christi und die von eingewöhnten und tradierten Ressentiments bestimmte Distanz zu Christentum und zur Kirche will als »missionarische Herausforderung« verstanden werden.
2. Nach unserem heutigen Verständnis hat Mission die Absicht, anderen Menschen die Begegnung mit dem Evangelium zu ermöglichen und sie von der Wahrheit des christlichen Glaubens für ihr Leben im Dialog zu überzeugen.
3. Mission muss gerade in Ostdeutschland jeden Anschein der Indoktrination oder des Zwingenden vermeiden. Mission wird aus dem Geist des Evangeliums und der Liebe heraus auf massive oder subtile Mittel des Zwangs verzichten, denn sie zielt auf freie Zustimmung.

4. Nur eine solche Mission verträgt sich mit dem Gebot der Gottes-, Menschen- und Nächstenliebe, auch dem der Selbstliebe. Sie muss von dem Respekt vor den Überzeugungen anderer geprägt sein und dialogischen Charakter haben.

5. Auch eine im Geist der Liebe und in der Struktur des Dialogs praktizierte Mission wird nicht ihr Ziel aus den Augen verlieren: Die christliche Botschaft so zu bezeugen, dass sie im besten Sinne des Wortes »attraktiv« ist. Dabei gilt: Nur wer den in Jesus Christus Mensch gewordenen Gott liebt, kann auch überzeugend zu seinem Reich einladen. Nur wer die Menschen mag, wird sie auch gewinnen können. Wer selbst wenig Freude am Christsein empfindet, kann nicht anderen Freude am Christsein machen.

6. Wenn wir Ostdeutschland als »Missionsgebiet« wahrnehmen, muss sich unsere missionarische und evangelistische Bemühung sowohl auf die Getauften als auch auf die Ungetauften richten. Adressaten unserer Mission sind sowohl die getauften Ausgetretenen als auch die immer schon Religionslosen ebenso wie die »distanzierten, treuen Mitglieder« und nicht zuletzt die, welche im Glauben unsicher geworden sind und Ermutigung und Stärkung für ein selbstbewusstes vertieftes Glaubensverständnis suchen.

7. Mission ist nicht Ausdruck eines machtlüsternen Expansionsdranges der Kirche, sondern entspringt dem Drängen Gottes auf eine heilvolle Beziehung zu seinen Geschöpfen. So treibt letzten Endes nicht die Kirche Mission, sondern die Mission Gottes in Jesus Christus treibt die Kirche zu den Menschen.

8. Gott, von dem alle Mission ausgeht, will uns Menschen mit dem Zuspruch seiner Gnade gewinnen, welche zugleich sein Anspruch auf unser Leben einschließt. Darum darf Mission weder »billige Gnade« ansagen (das wäre Zuspruch ohne Anspruch), noch eine »gnadenlose Nachfolge« verwirklichen wollen, die von Rechtfertigung allein aus der Gnade nichts weiß und sich in einer Fülle von ethischen und moralischen Appellen gefällt (das wäre Anspruch ohne Zuspruch).

SUSANNE DREWNIOK

Durchzug durchs Schilfmeer Exodus 13,17 - 15,21)

Foto 1: Mirjam
© Axel Klein, Wolfenbüttel

Vor mir auf dem Tisch steht eine Erzählfigur, die eine Religionslehrerin hergestellt und liebevoll gestaltet hat: eine Frauengestalt im bunten Kleid, die langen schwarzen Haare zu einem Zopf gebunden, in einer Hand eine Schellentrommel – sie scheint gerade aus einer Gruppe von Musikantinnen herausgetreten zu sein (Foto 1). Das ist Mirjam, die Schwester von Aaron und Mose. Sie führt nach der Rettung am Schilfmeer mit ihrer Pauke Gesang und Tanz der israelitischen Frauen an (Ex 15, 20f.). Mirjam singt das Jubellied der Geretteten, die bedroht waren und die gefährliche Situation überstanden haben. Mit dieser Rettung am Schilfmeer lassen sie die Sklaverei, die Ägyptenzeit, endgültig hinter sich und es beginnt etwas Neues. Die Frauen sind sich sicher: Ohne Gottes Hilfe hätten wir das nicht geschafft! Er hat uns gerettet! Sie danken Gott für die Rettung und sorgen dafür, dass dieses Ereignis nicht in Vergessenheit gerät. Mit dem Mirjamlied fängt die Überlieferung des Schilfmeergeschehens an; es stiftet Erinnerung, Zusammengehörigkeit der Geretteten und individuelle Identität.

Persönliche Annäherungen an das Thema »Erinnerung«

Vor einiger Zeit habe ich in Berlin an einer Tagung zum Thema Erinnerungsarbeit teilgenommen. Dabei ging es unter anderem um die Frage, wie man mit jüngeren Kindern zum Thema Holocaust und Zweiter Weltkrieg arbeiten kann. Erinnerungsarbeit bedeutet dabei mehr als Geschichtsdidaktik. Es geht nicht nur darum, die Kinder über die Ereignisse von damals zu informieren und ihnen das Wissen darüber einzuprägen. Sie sollen auch eine Einstellung dazu entwickeln. Erinnerungsarbeit will Betroffenheit wecken über das schlimme Schicksal jüdischer Menschen und will das Gerechtigkeitsempfinden der Kinder aufrufen: »Das war doch gemein!« Über die Erkenntnis »Das darf nie wieder geschehen!« wird ein Beitrag geleistet zur Erziehung zu Toleranz und Demokratie bei uns heute.

Im Rahmen dieser Tagung zur Erinnerungsarbeit führten wir ein Gespräch mit einer Lehrerin der jüdischen Grundschule. Wir fragten sie, wie an ihrer Schule Erinnerungsarbeit stattfindet. Ihre Antwort hat mich erstaunt: »Indem wir die jüdischen Feste feiern, z. B. indem wir jeden Freitag zum Abschluss des Unterrichts Schabbat feiern!« Im Tun, nicht nur im Nachdenken und Reden wird die Erinnerung bewahrt.

Für jüdische Menschen sind die Texte der hebräischen Bibel nicht nur Geschichten, sondern zugleich Geschichte. Und mehr noch: Die erzählte Geschichte ist die Geschichte ihres Volkes. Wenn sie in Israel Pessach feiern, ist das nicht nur ein religiöser sondern ein nationaler Feiertag. Unterricht über Geschichten, Themen und Figuren der hebräischen Bibel ist für sie Erinnerungsarbeit. Dabei geht es um die Auseinandersetzung mit den eigenen Wurzeln. Das Bewusstsein, selber ein Steinchen in einem großen Mosaik, ein Element eines historischen Prozesses zu sein, führt dazu, die Vergangenheit in den Blick zu nehmen, das Alte zu respektieren und wertzuschätzen und auch die Auseinandersetzung mit problematischen, negativen Wurzeln zu suchen. Wir können als Nachgeborene die deutsche Nazivergangenheit nicht einfach abschütteln, wir sind in jeder Generation neu aufgefordert, Position zu beziehen. Die Vergangenheit beeinflusst uns – so oder so.

Was ist Erinnerung? Im Lexikon habe ich gefunden: Erinnerung ist die Bezeichnung für einen Gedächtnisinhalt, eine gespeicherte Information, die aus dem Gedächtnis abgerufen wird oder im Bewusstsein auftaucht. Unsere Erinnerungen können ganz unterschiedliche Qualitäten haben. Das möchte ich an drei Beispielen zeigen:

1. Ich habe irgendwann gesagt bekommen: Kolumbus entdeckte Amerika. An diese Information erinnere ich mich.
2. Als Kind hatte ich ein rotes Fahrrad. Das habe ich nicht nur erzählt bekommen, das habe ich erlebt. In meiner Erinnerung sehe ich das rote Fahrrad vor mir. Ich erinnere mich nicht nur an die Information, sondern es ist eine persönliche Erinnerung. Meine Erinnerung verbindet mich heute mit dem kleinen Mädchen, das ich einmal war. Ich erinnere mich auch, wie ich mich gefreut habe, als ich das rote Fahrrad geschenkt bekam. Zusammen mit der Information und dem Bild tauchen in meinem Bewusstsein die Gefühle auf, die damit verknüpft waren. Bei Erlebnissen werden die Gefühle mit den Informationen zusammen im Gedächtnis gespeichert. Manche Erinnerungen sind deshalb gefürchtet – an schlimme Erfahrungen möchten wir nicht erinnert werden.
3. Am 7. April 1945, kurz vor dem Ende des Zweiten Weltkriegs, ist das Haus meiner Großeltern bei einem englischen Luftangriff getroffen worden und bis auf die Grundmauern abgebrannt. Weil ich damals noch nicht geboren war, habe ich keine persönliche Erinnerung daran. Aber diese Geschichte ist für mich keine neutrale Information wie etwa die Entdeckung Amerikas durch Christoph Kolumbus. Durch die Beziehung zu meiner Familie wird mir dieses Ereignis aus der Vergangenheit wichtig. Ich kann mir die Verzweiflung meiner Großmutter vorstellen, die versucht hat, irgendwelche Gegenstände zu retten. Ich kann mich in die Angst meiner Mutter und ihrer Geschwister hinein versetzen. Über die emotionale Identifikation rückt mir das historische Ereignis näher. Als Teil der kollektiven Erinnerung meiner Familie wird es auch meine Erinnerung. Durch ihre Erzählungen haben mich meine Angehörigen an ihren Erinnerungen teil haben lassen. Die gemeinsamen Erinnerungen stiften kollektive und individuelle Identität.

Erinnern in jüdischer Tradition
Das Alte Testament enthält zahlreiche Ermahnungen, sich zu erinnern und nicht zu vergessen. Nichts scheint weniger selbstver-

ständlich zu sein als das Erinnern, wenn es ein solch eindringliches Einschärfen braucht, nichts allgegenwärtiger und zugleich bedrohlicher als das Vergessen, schreibt Astrid Greve, auf die ich bei den folgenden Überlegungen Bezug nehme. Erinnern ist ein emotional besetzter Vorgang, es lässt sich nicht einfach verordnen. Darum versuchen die biblischen Verfasser so leidenschaftlich, die Erinnerungen in den Köpfen und Herzen zu verankern. Anscheinend steht mit der Erinnerung Lebenswichtiges auf dem Spiel.

Immer wieder wird im Alten Testament an den Exodus, den Auszug aus Ägypten, erinnert, an die große Befreiungstat, die das Volk Israel mit seinem Gott verbindet. Die Befreiung aus der Knechtschaft Ägyptens wird beispielsweise erinnert gegen die Angst, von anderen Völkern vernichtet zu werden: »... fürchte dich nicht vor ihnen. Denke daran, was der Herr, dein Gott, dem Pharao und allen Ägyptern getan hat ...« (Dt 7,18). Später dient die Erinnerung als Widerspruch gegen Selbst-Überhebung: »Wenn du nun gegessen hast und satt bist und schöne Häuser erbaust und darin wohnst und deine Rinder und Schafe und Silber und Gold und alles, was du hast, sich mehrt, dann hüte dich, dass dein Herz sich nicht überhebt und du den Herrn, deinen Gott, vergisst, der dich aus Ägyptenland geführt hat, aus der Knechtschaft« (Dt 8, 12-14). Oder sie dient als Widerspruch gegen die Gleichgültigkeit gegenüber fremdem Leid: »Die Fremdlinge sollt ihr nicht unterdrücken; denn ihr wisst um der Fremdlinge Herz, weil ihr auch Fremdlinge in Ägyptenland gewesen seid« (Ex 23, 9). Im Kontext der Zehn Gebote wird die Erinnerung an den Auszug aus Ägypten zum Widerspruch gegen die Gewöhnung an die sozialen Verhältnisse und ihre Hierarchien. Die Liste der Zehn Gebote beginnt mit einer Erinnerung: »Ich bin der Herr, dein Gott, der ich dich aus Ägyptenland, aus der Knechtschaft geführt habe« (Ex 20, 2). Hier weist sich Gott aus als der Gott der Befreiung, und diese Befreiung aus der Knechtschaft ist die Basis für die folgenden Zehn Gebote. Sie sind »Lebensregeln der Befreiten« – vor dem Auszug, als Sklaven in Ägypten, brauchten sie diese Regeln nicht. Das Einhalten der Gebote kann nicht einfach angeordnet werden – heute nicht und damals auch nicht. Wenn das ginge, bräuchte der Kampf um das Erinnern nicht so verzweifelt geführt zu werden und die Geschichte vom Auszug aus Ägypten bräuchte nicht immer wieder erzählt zu werden. Die Aufforderung »Zachor!« – erinnere dich! – ringt um die Einsicht der Menschen, die Wiederholung der Befreiungsgeschichte wirbt um ihr Verständnis: »Erinnere dich!« – Sieh hin, wie die heutige Situation entstanden ist. Was ist, ist geworden – nichts ist selbstverständlich, alles hat eine Geschichte. Wenn du dich ans Gestern erinnerst, verstehst du das Heute. Darum wird nicht befohlen, sondern erinnert und erzählt.

Wenn immer wieder Elemente des Auszugs aus Ägypten ins Gedächtnis gerufen werden, dann geht es dabei um das Herausbilden einer kollektiven Erinnerung, die für die Gegenwart und Zukunft als lebensnotwendig erachtet wird. Die Erinnerung an das befreiende Handeln Gottes im Exodus vermag neues Licht auf die jeweilige Gegenwart zu werfen und neue Hoffnungs- und Handlungsperspektiven sichtbar zu machen. Individuelles Erinnern, z. B. derer, die beim Auszug dabei waren, kann kollektives oder gar kulturelles Erinnern werden, wenn es gelingt, die Generationengrenzen zu überwinden. Das ist nicht einfach, denn es geht ja nicht nur darum, Wissen an die nächste Generation weiter zu geben. Erlebnisse und Erfahrungen und die begleitenden Emotionen und Einstellungen sollen überliefert werden. Jeder Jude soll sich selbst so sehen, als wäre er aus Ägypten gezogen und als sei er selbst erlöst worden – so verlangt es die Pessach-Haggada, die Ordnung für den ersten Abend des Passafests. Die Nachgeborenen sollen sich vorstellen, sie seien selbst dabei gewesen. Es geht also nicht nur darum, sich die Ereignisse von damals ins Gedächtnis zu rufen, sondern es geht um eine andere, intensivere Form von Erinnerung: Erinnerung als Vergegenwärtigung. Die nachfolgende Generation soll sich in die Geschichte so hineinstellen, dass sie sich das Geschehen zu eigen macht. Es geht also um Identifikation und um Identitätsstiftung. Identifikation setzt die Erschließung von innen her voraus: nur wenn jene Erinnerungen, um die es geht, sich als sinnstiftend und heilsam, vielleicht sogar »not-wendig« für jeden Einzelnen erweisen, kann Identifikation erfolgen und Identität gestiftet werden.

Eine zentrale Rolle für das kollektive Gedächtnis spielen die Feiertage und Feste. In den frühen schriftlosen Kulturen waren Riten und Feste die einzige Möglichkeit, identitätssicherndes Wissen einer Gruppe als kollektive Erinnerung zu bewahren. Um das für die Gemeinschaft bedeutsame Wissen zu speichern, war man auf das Gedächtnis der Menschen angewiesen. Also entwickelten sich Formen, die ganzheitlich die Erinnerung stützten und erleichterten wie Poesie, Rituale, Tänze oder Rhythmen. Für diese Inszenierungen waren Zusammenkünfte der Gruppe notwendig. Anlass dazu boten die Feste. Für das jüdische Wochenfest etwa wird im 3. Buch Mose angeordnet: »Und ihr sollt an diesem Tag eine heilige Versammlung ausrufen; keine Arbeit sollt ihr tun. Eine ewige Ordnung soll das sein bei euren Nachkommen, überall, wo ihr wohnt« (Lev 23, 21). In Schriftkulturen übernehmen Texte die zentrale Rolle zur Bewahrung des kulturellen Gedächtnisses. An die Stelle von Nachahmung und Bewahrung treten Auslegung und Erinnerung, und die Zusammenkünfte verlieren an Bedeutung, denn über die Texte haben die Menschen auch einzeln Zugang zu den identitätsstiftenden Erinnerungen ihrer Kultur.

Exodus – der Auszug des Volkes Israel aus Ägypten

»Exodus« ist die lateinische Form der griechischen Bezeichnung »exodos« und bedeutet Auszug. Der Begriff Exodus meint einerseits das Buch Exodus, das zweite Buch Mose im Alten Testament. Dort wird die Geschichte dieses Auszugs geschildert. Andererseits ist der Ausdruck zum Zentralbegriff einer Theologie geworden, die vor allem den vom Glauben an den befreienden Gott getragenen Widerstand gegen Unterdrückung jeder Art zum Gegenstand hat.

Die Israeliten konnten in Ägypten die menschenverachtenden Bedingungen, unter denen sie Frondienste leisten mussten, nicht länger ertragen. Alle Verhandlungen mit dem Pharao über Verbesserungen ihrer Arbeits- und Lebensverhältnisse scheiterten, die Situation spitzte sich dramatisch zu. Schließlich wagten sie unter der Führung des Mose die Flucht aus Ägypten. Sie entkamen zunächst der Bedrängnis, wurden dann jedoch verfolgt, bis sie beim Durchqueren einer gefährlichen Wasserstelle, dem sogenannten Schilfmeer, endgültig die Verfolger und damit die Knechtschaft hinter sich ließen.

Die gemeinsam durchlittenen Qualen in der Sklaverei, die Strapazen der Flucht und die Angst vor der Verfolgung durch die Ägypter verbanden die Flüchtlinge. Und ihr gemeinsamer Glaube an den einen Gott schweißte sie zusammen. Sie waren überzeugt, dass die Befreiung nur die Tat ihres Gottes gewesen sein konnte. Allein hätten sie, die kleine Schar der geflohenen Fremdarbeiter, Männer, Frauen und Kinder, keine Chance gehabt gegen die Übermacht der ägyptischen Armee. Mit Gottes Hilfe haben sie es geschafft. Als Dank für diese Rettung stimmte Mirjam ihr Lied an.

Die Israeliten haben gewagt, Ägypten hinter sich zu lassen. Damit haben sie die Ketten der Knechtschaft abgelegt, aber zugleich auch einen letzten Rest an Sicherheit aufgegeben und sich auf eine völlig offene und unsichere Zukunft eingelassen. Und gerade dabei haben sie erfahren, dass sie unter Gottes Schutz standen. Im Vertrauen auf diesen Gott konnten die Israeliten die Strapazen der langen Wüstenzeit ertragen, bis sie schließlich nach vielen Rückschlägen im verheißenen Land ankamen.

Der Aufenthalt und die Unterdrückung in Ägypten, die Flucht und die Rettung am Meer, die Wüstenwanderung, der Bundesschluss am Sinai, die Zehn Gebote und schließlich die Landnahme erwecken heute beim Lesen den Eindruck eines geschlossenen Handlungsfadens. Die heutigen Texte sind allerdings das Ergebnis eines langen und komplizierten Überlieferungsprozesses. Mehrere ursprünglich selbständige Traditionskomplexe wurden später mit einander verknüpft und zum Glaubensgut ganz Israels erhoben. Mose wurde in diesem Prozess zur integrierenden Figur verschiedener Traditionen.

Historisch lässt sich folgendes sagen: Zwischen 1500 und 1200 vor Christus tauchen an der Ostgrenze des Nildeltas wiederholt Schutz und Nahrung suchende aramäische Beduinengruppen aus den Steppengebieten Vorderasiens als Immigranten auf. Die Ägypter nennen sie ›pr‹ bzw. ›apiru‹ (= Hebräer?), was keine ethnische sondern eine soziologische Bezeichnung ist: Als Leute minderen Rechts verdingen sie sich für allerlei Arbeiten (z. B. Bauarbeiten, Lasten tragen, Arbeit im Steinbruch). Das entspricht den Angaben in Ex 1, 11: »Und sie bauten dem Pharao die Städte Pithom und Ramses als Vorratsstädte …«. Ob Ramses II (1290-1224 v. Chr.) tatsächlich der »Pharao der Unterdrückung« war, muss dahingestellt bleiben. Eine geschichtliche Rekonstruktion oder gar Datierung des Exodusgeschehens ist nicht möglich. Einige Texte entstammen vermutlich der sogenannten Priesterschrift, die im 6. Jahrhundert v. Chr. im babylonischen Exil entstanden ist, andere sind älter, alle jedoch wurden in nachexilischer Zeit redaktionell bearbeitet. Im literarischen Prozess der schriftlichen Überlieferung wurde das dargestellte Geschehen mit wunderhaft gesteigerten Detailangaben angereichert. In unserem Text von der Rettung am Schilfmeer sind mehrere, ältere und jüngere Überlieferungsschichten miteinander verwoben.

Der Text Exodus 13,17 - 15,21

Das Schilfmeer der Erzählung kann nicht eindeutig lokalisiert werden. Es gibt verschiedene Theorien, wie die Reiseroute der Israeliten verlaufen und wo dieses Schilfmeer gewesen sein könnte: Eine Theorie besagt, die Israeliten könnten auf der offiziellen Route, dem sogenannten Horusweg vom Nildelta nach Nordosten gezogen sein. Das wäre dann der Küstenweg am Mittelmeer entlang, das Schilfmeer wäre der Sirbonische See, eine flache Nehrung an der Mittelmeerküste. Eine zweite Theorie verortet das Schilfmeer weiter südlich bei den sogenannten Bitter-Seen, einem Sumpfgebiet am Rand der Wüste Etam. Auch die Arme des Roten Meeres, der Golf von Suez oder der Golf von Akaba/Elat sind als mögliche Schilfmeer-Orte in Erwägung gezogen worden.

Die Theorien stellen Versuche dar, das Geschehen zu lokalisieren und damit als historisch, als »wirklich so passiert« zu identifizieren. Aber für die Bedeutung des Exodus ist die Historizität des Schilfmeergeschehens nicht ausschlaggebend. Wichtig ist, dass die Israeliten ihr Durchkommen als Rettung mit Gottes Hilfe verstanden und überliefert haben. Daher können auch die verschiedenen Überlieferungsschichten des Textes, die ein zum Teil widersprüchliches Bild vom Ablauf des Schilfmeergeschehens skizzieren, als Glaubensdeutungen späterer Generationen verstanden werden.

Die alttestamentliche Forschung hat die einzelnen Sätze des Textes verschiedenen Verfassern zugeordnet. Dabei zeichnen die ältesten, vorexilischen Schreiber ein relativ nüchternes Bild der Ereignisse: Ein Ostwind treibt das Meer weg, so dass die Israeliten trockenen Fußes hindurch ziehen können. Später treibt der Wind das Wasser zurück und die verfolgenden Ägypter ertrinken. Dieser hilfreiche Wind ist von Gott geschickt, daher kann er als Retter der Israeliten gefeiert werden. Mit dieser Rettung erweist sich der Gott Jahwe erneut als Gott auf der Seite der Israeliten.

Spätere Schreiber, die Verfasser der Priesterschrift, inszenieren das Geschehen viel aufwändiger und detaillierter: Auf Gottes Anweisung bringt Mose mit ausgestrecktem Arm das Meer dazu, sich zurück zu ziehen, wie eine Mauer rechts und links zu stehen und so den Israeliten den Durchzug zu ermöglichen. Am Morgen holt er auf die gleiche Weise das Meer zurück und es bedeckt das ganze Heer des Pharao. Gott führt Regie und Mose als sein Stellvertreter lenkt wie ein Kultpriester das Geschehen, das letztendlich der Verherrlichung dieses Gottes dient.
Ich werde nun noch intensiver in den Text einsteigen. Dazu zwei Textausschnitte, diesmal in der Übersetzung von Martin Luther:

Ex 14,5-12
5 Als es dem König von Ägypten angesagt wurde, dass das Volk geflohen war, wurde sein Herz verwandelt und das Herz seiner Großen gegen das Volk und sie sprachen: Warum haben wir das getan und haben Israel ziehen lassen, sodass sie uns nicht mehr dienen? 6 Und er spannte seinen Wagen an und nahm sein Volk mit sich 7 und nahm sechshundert auserlesene Wagen und was sonst an Wagen in Ägypten war mit Kämpfern auf jedem Wagen. 8 Und der Herr verstockte das Herz des Pharao, des Königs von Ägypten, dass er den Israeliten nachjagte. Aber die Israeliten waren unter der Macht einer starken Hand ausgezogen. 9 Und die Ägypter jagten ihnen nach mit Rossen, Wagen und ihren Männern und mit dem ganzen Heer des Pharao und holten sie ein, als sie sich gelagert hatten am Meer bei Pi-Hahirot vor Baal-Zefon.
10 Und als der Pharao nahe herankam, hoben die Israeliten ihre Augen auf, und siehe, die Ägypter zogen hinter ihnen her. Und sie fürchteten sich sehr und schrien zu dem Herrn 11 und sprachen zu Mose: Waren nicht Gräber in Ägypten, dass du uns wegführen musstest, damit wir in der Wüste sterben? Warum hast du uns das angetan, dass du uns aus Ägypten geführt hast? 12 Haben wir's dir nicht schon in Ägypten gesagt: Lass uns in Ruhe, wir wollen den Ägyptern dienen? Es wäre besser für uns, den Ägyptern zu dienen, als in der Wüste zu sterben.

Ex 15, 20f.
20 Da nahm Mirjam, die Prophetin, Aarons Schwester, eine Pauke in ihre Hand und alle Frauen folgten ihr nach mit Pauken im

Reigen. 21 Und Mirjam sang ihnen vor: Lasst uns dem Herrn singen, denn er hat eine herrliche Tat getan; Ross und Mann hat er ins Meer gestürzt.

Ich möchte nun unsere Aufmerksamkeit auf die beteiligten Personen der Geschichte lenken. Der Text erzählt, wie es den Israeliten vor dem Durchzug durchs Meer ergangen ist. Da ist von Angst die Rede, von Panik, Geschrei, auch von Zorn. Hinterher, nach der Rettung sieht die Situation ganz anders aus. Freude, Jubel, Gesang und Tanz werden im Text genannt. Ich möchte Sie nun einladen, sich für ein paar Minuten in eine dieser beiden Situationen hineinzuversetzen: vor dem Durchzug oder nach dem Durchzug. Welche Gedanken und Gefühle mögen die Israeliten in der Situation bewegt haben. Was könnten sie gedacht, gesagt, getan haben? Sie können sich eine Erzählfigur auswählen und sie hier auf der Erzählfläche positionieren. Sie können die Figur biegen und ihr eine Körperhaltung, eine Gestik geben, die ihrer Stimmung, ihren Gedanken und Gefühlen entspricht. (Die Fotos 2 und 3 zeigen die am Gesprächsabend entstandene Erzähllandschaft. Farbige Tücher deuten Land und Wasser an. Die Teilnehmenden drückten mit Erzählfiguren die Empfindungen der Israeliten vor und nach dem Durchzug aus.)

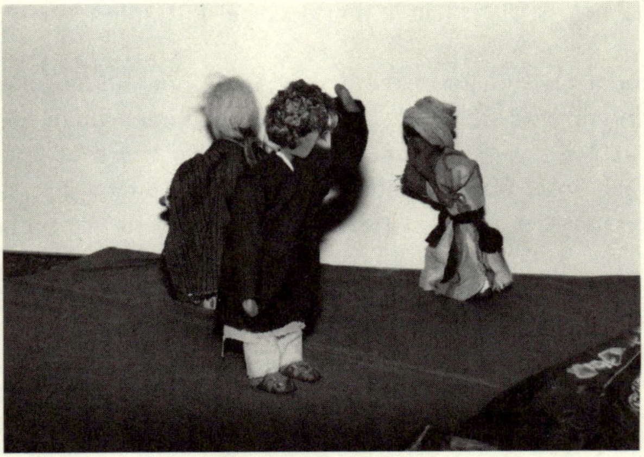

Vor dem Durchzug: Angst und Verzweiflung
© Axel Klein, Wolfenbüttel

Einige Überlegungen zur Wirkungsgeschichte des Textes

Wie ist die Schilfmeergeschichte, wie ist das Exodusmotiv aufgenommen worden? Welche Wirkung hatten sie auf Menschen zu verschiedenen Zeiten? Drei Beispiele möchte ich zu diesen Fragen vorstellen.

Exodus in der jüdischen Tradition

Wie oben bereits ausgeführt, wird der Exodus in der jüdischen Tradition nicht als einmaliges historisches Ereignis verstanden, sondern als gegenwärtige befreiende Wirklichkeit gesehen. Die Erinnerung dient der Vergegenwärtigung. Besonders deutlich wird das in der Pessach-Haggada, der Ordnung für den ersten Abend des Passafests. Mit Hilfe von Texten, Liedern, symbolischen Speisen und Aktivitäten werden die Ereignisse der Nacht des Auszugs vergegenwärtigt und dadurch lebendig erhalten.

Die Haggada erörtert auch, was es heißt, Gott habe Israel mit starker Hand aus Ägypten geführt, und betont, dass sich Gott nicht eines Mittlers bediente, sondern dass »der Heilige, gepriesen sei er, in seiner Heiligkeit selbst« diese geschichtliche Tat vollbrachte. Von dieser Sicht des Exodus her sind im jüdischen Denken sowohl das Gottesbild als auch das Geschichtsverständ-

Foto 3:
Nach dem Durchzug:
Jubel und Freude
© Axel Klein, Wolfenbüttel

nis geprägt. Der Talmud, eine Sammlung von Kommentaren zur hebräischen Bibel, wirft noch einen besonderen Blick auf das Schilfmeergeschehen. Dort heißt es im Traktat Sanhedrin 39b:

»Als Israel befreit durch das Meer gezogen, entkommen der Mordlust ägyptischer Soldateska, feierten und tanzten sie am Meeresstrand: die Entkommenen, die Überlebenden, die Geretteten. Und es herrschte große Freude im Himmel und auf Erden. So feierten auch die Engel Israels Rettung und Sein großes Tun an Pharao und Seinem Volk … Bis – ja bis ein Engel ihn ansah: Gott feierte nicht, nein: er weinte.

Nun war das Entsetzen groß im Himmel, während Mirjam mit den Frauen und Männern tanzte. Vorsichtig traten die Engel an ihn heran, zupften an Seinem Sternenmantel und fragten: Wir verstehen das nicht: Du, oh Herr, hast dein geliebtes Volk gerettet, bewahrt und am Leben erhalten, dein Volk feiert das Wunder des Lebens, du aber weinst! Das verstehen wir nicht. Nein.

Da sah Gott, der Herr, Seine Engel traurig an und sprach zu ihnen: Ihr wisst das nicht!? Und schwieg eine Weile, bis er sagte: Meine Kinder ertrinken im Meer – und *ich* soll tanzen!?

Darum, heißt es in der Schrift, freue dich nicht, wenn dein Feind fällt.« (Nach einer Übertragung von Gerhard Begrich).

Exodus und neuzeitliche Befreiungsbewegungen

Der Freiheitsaspekt im Exodus ist aufgegriffen worden von dunkelhäutigen Sklaven in den USA im 19. Jahrhundert. In einigen Spirituals wird das Exodusmotiv thematisiert und damit in der verschlüsselten Form eines geistlichen Lieds vom eigenen Wunsch nach Befreiung gesungen. »Wade in the water« ist solch ein Lied oder am bekanntesten wohl »Let my people go«. Exodus wird hier radikal verstanden als Ursprung und Modell für einen auch heute noch im Gang befindlichen Prozess der Befreiung von Menschen aus ganz unterschiedlichen Knechtschaften. In diesem Sinn spielt das Exodusmotiv auch bei dem Philosophen Ernst Bloch eine wichtige Rolle, weil es Befreiung nicht für ein fertiges, sondern für ein verheißenes Ziel signalisiert. Es kann keinen Exodus ohne das Prinzip Hoffnung geben.

Exodus und die jüngere deutsche Geschichte

Mein drittes und letztes Beispiel möchte ich nur kurz anreißen, um dann mit einigen offenen Fragen zu schließen. Ich zitiere aus einem Heft der Informationen zur politischen Bildung: Mit dem massenhaften Exodus von DDR-Bürgerinnen und –Bürgern, die ihr Land im Spätsommer 1989 verließen und verlassen wollten, war letztlich das Ende des SED-Staats besiegelt – ein Staat, dem die eigenen Menschen davonliefen, besaß keine Existenzgrundlage mehr. Vom Exodus war damals in etlichen Zeitungsartikeln zu lesen. Exodus – Auszug aus der Knechtschaft und Aufbruch in die Freiheit. War das 1989 ein Exodus? Und wenn ja, wo befinden wir uns jetzt? Wie weit ist es noch ins gelobte Land? Die Israeliten damals ahnten nicht, dass ihr Weg durch die Wüste bis zur Ankunft im versprochenen Land vierzig Jahre dauern würde – zum Glück, sonst wären sie vielleicht gar nicht aufgebrochen!

Wie könnte heute bei uns eine gute, gezielte Erinnerungsarbeit aussehen? Wie kann das deutsche Exodusgeschehen den Jüngeren, Nachgeborenen und den Zugewanderten vermittelt werden, wie kann damit kollektive und individuelle Identität gestiftet werden?

GERHARD BEGRICH

Jesaja, Sacharja und die messianische Welt oder: Der Traum vom Himmel auf Erden

Bilder sind, wir wissen es, stärker als Worte. Sie bestimmen unsere Sehnsucht und unsere Ängste. Sie sind uns gefallen ins Herz. Bilder bleiben.

So auch zur Weihnachtszeit. Immer wieder, Jahr für Jahr, wenn die Krippen aufgestellt und Weihnachtskarten geschrieben werden: Die Geburt des Kindes findet im Stall statt, der immer kaputt ist: es fehlen Ziegel, es sind Löcher in den Wänden oder es steht gar eine Ruine dabei. Die bildliche Botschaft ist deutlich: das Haus ist zerstört. Das Bild vom ruinierten, zerstörten Haus birgt eine doppelte Erinnerung, die sie sogleich provoziert. Zum einen werden wir schmerzhaft an unsere Existenz in der Welt als einer unbehausten gemahnt: Die Welt ist uns nicht mehr bergendes Haus, wir haben das Zuhause verloren und Heimat ist uns zur Zukunft, zum Ort des Überlebens geworden, d. h. die Welt ist aus den Fugen. So wird die Geburt des göttlichen Kindes zur Hoffnung auf Heimat in dieser Welt.

Zum anderen transportiert der »zerstörte Stall« eine biblische Erinnerung – an den Propheten Amos. Dessen Buch schließt mit einer paradiesischen Verheißung an Israel. Gott spricht: »An jenem Tage will und werde ich aufrichten die verfallene Hütte Davids!«

Einst also wird kommen der Tag! Es wird sein – dies ist das Angeld auf Zukunft und Beginn einer unendlichen Sehnsucht: die zerfallene Hütte wird ER wider aufrichten, erneuern, heilen …

Der zerstörte Stall will im Bild die zerfallene Hütte sein. Christliche Kunst, Ikonographie, hat diese Theologie festgehalten: Theologie wird hier zum Heimweh: die Erde soll wieder Haus des Menschen werden.

Mit der Geburt des Messias beginnt Gott sein heilschaffendes Werk: hier wird die »Hütte Davids« erneuert. Wie aber ist es überhaupt zum Zerfall dieser Hütte gekommen?!

Einst ist Israel aufgebrochen aus der unverschuldeten Knechtschaft in die herrliche Freiheit der Kinder Gottes. Knechtende Verhältnisse sind nicht an Orte und Zeiten gebunden: Israel war in Knechtschaft in Ägypten ebenso wie im gelobten Land: jede Generation muss sich erneut von Gott in die Freiheit führen lassen: alle Verhältnisse umzustoßen, in denen der Mensch ein geknechtetes Wesen ist. Aber selten gelang's.

Die Welt war und ist zerstört durch Kriege, Terror, Gewalt, Ausbeutung, Gier, Unvermögen ... So damals, so heute. Wie aber sollen wir leben, wie es aushalten auf unserer geschundenen Erde?

Jesaja kündet Sehnsucht und Hoffnung – über die Zeiten hin.

Für eine Zeit ohne Angst

Jesaja schaut (!) Worte für Juda und Jerusalem, Worte, von denen auch wir leben, die ankommen wollen und müssen im Herzland unserer zerschellten Träume. Einst wird kommen der Tag ...
In Jesaja 2,1-5 werden »wir« aufgefordert, uns zum Hause Gottes zu wenden. Denn von ihm kommen die Worte des Lebens, was zunächst Überleben bedeutet. Es ist am Tage, und der Zustand unserer Welt und der menschlichen Gesellschaften künden unübersehbar davon, dass der Mensch mit seinen Worten gescheitert ist. Gottes Wort kann uns, den Menschen, der Schöpfung, Zukunft eröffnen. Der Mensch muss hören: Von IHM kommt Weisung zum Leben. Und diese Weisung ist überaus eindeutig: Schwerter zu Pflugscharen, Speere zu Winzermessern – und nicht lernen, Krieg zu führen! – Das ist das einfache Wort Gottes, was so schwer zu machen ist!

Wenn wir aufhören zu siegen,
wenn wir aufhören zu kriegen –
dann wird Frieden sein, den die Bibel Schalom nennt. Schalom heißt leben in einer Zeit ohne Angst! Sie wird, sie muss kommen, diese Zeit himmlischen Friedens. Von dieser Gewissheit können wir leben. Diese Welt aber können die Menschen nicht »erbauen«, der Himmel wird nicht von Menschen gemacht – sondern von Gott gebracht. Das ist die messianische Welt, die durch den Messias verkündet und gebracht wird und sich in einem Satz zusammenfassen lässt: Der Messias bringt und eröffnet das Paradies, das mit einem anderen Bild als »himmlisches Jerusalem« beschrieben wird.

Diese messianische Zeit beginnt mit der Verheißung und der Geburt eines Kindes. Dies wird besonders deutlich durch die Lesungen an Weihnachten.

Die alttestamentliche Lesung in der Christnacht ist Jesaja 7,10-14. Die Auswahl dieser Perikope hat das Schwergewicht des Verstehens und der Diskussion auf das Wunder und Problem der Jungfrauengeburt ziemlich eingeengt und festgelegt. Vielleicht ist uns dadurch sehenden Auges der Gesamtzusammenhang nicht sichtbar geworden, der die Aussage unseres Textes nicht wenig verändert. Was hier zu sagen ist, beginnt mit der Berufung des Propheten. Jesaja hat auf die Frage des Herrn »Wen soll ich senden?« etwas vorlaut geantwortet: »Hier bin ich. Sende mich!« Nun muss er die Schwere der Botschaft tragen, dass das Volk hören wird, ohne zu verstehen, und sehen wird, ohne zu erkennen. Ihre Herzen werden verstockt, das heißt verdammt, nicht hören, sehen, verstehen zu können! Sie können nicht zu der einzig möglichen Einsicht gelangen, die ihnen das Leben erhalten würde: die Umkehr ist ihnen nicht möglich. Das ist ein hartes Wort für die Gegenwart. Erst wenn diese Welt zerfallen sein wird, wenn die Äcker verbrannt, die Häuser ohne Bewohner sein werden und die Städte eine Trümmerstätte – erst dann wird zaghaft neues Leben, ein heiliger Same, der bleibt, ein wenig Heil erwachsen. Das ist kaum eine frohe Botschaft, eher ein Verhängnis. Aber Jesaja kann nicht anders, da er berufen ist. Er muss künden – und er weiß, dass er kein Gehör finden wird. Das Unheil ist nicht aufzuhalten. Diese tragische Konstellation ist der Ausgangspunkt und Verstehenshorizont von Jesaja 7,1-17. Der König Ahas ist der erste, an dem sich die Wahrheit der Gottesrede erweisen soll: er hört, aber versteht nicht; er sieht, aber begreift nicht: mit sehenden Augen kann er nicht sehen. Der Prophet weiß das – aber er wird dennoch zu ihm geschickt. Angesichts einer aussichtslosen militärischen Lage, um die doch auch Jesaja wissen muss (!), ist er aufgefordert, dem König zu verkünden: »Sei behütet, und verhalte dich still, fürchte dich nicht und dein Herz verzage nicht!« (7,4). Im Nichtstun also soll das Tun des Königs bestehen; keine militärischen und außenpolitischen Aktivitäten also, sondern ruhiges Abwarten. Und die Begründung für diese Forderung besteht in der einzigen Behauptung des Propheten: »So spricht der Herr: Es wird nicht sein!« Das ist alles, das muss genügen. Ahas hat nur Sein Wort. So heißt es auch deutlich genug: »Glaubt ihr nicht, so bleibt ihr nicht!« Die Realität und die Wirklichkeit der erfahrbaren Welt sprechen gegen diesen Satz. Aber genau das macht den Glauben aus: zu der

Wirklichkeit, die nur Gott zu setzen vermag, »ja und Amen« zu sagen. Seinem Gott mehr zu vertrauen, als den eigenen Erfahrungen und dem, was – scheinbar allen sichtbar! – vor Augen ist. Die politische Vernunft, die Verantwortung des Königs für Staat und Volk erfordern eine Sicherheitspolitik und militärische Maßnahmen. Jesaja aber verkündet: gerade diese Politik führt mit tödlicher Sicherheit zum Verderben, zur Zerstörung, zum politischen und militärischen Untergang. Zwar darf Jesaja über den Trümmern Hoffnung ausrufen – aber wem kann er das schon sagen!? Der Prophet fordert vom König nicht mehr und nicht weniger als das Lächerliche in den Augen der Welt: das Verhalten des Glaubens; im Glauben allein liegt die Möglichkeit zu leben. Das ist die Botschaft – und die hört der König nicht, weil er sie gar nicht hören kann. Die Verstockung nimmt ihren Lauf, die Geschichte geht tragisch zu Ende. Darum fährt Gott fort, zu Ahas zu reden: Gotteswort und Gottesrede durch Prophetenmund. Dem König wird eine Glaubenshilfe angeboten: ein Zeichen: fordere es dir von ihm, »deinem Gott«, was wohl extra betont wird. Aber – natürlich – der König hört es nicht, sondern weist es zurück, weil er den Herrn nicht versuchen will. Diese Antwort ist fromm, wodurch die Tragik des Geschehens noch gesteigert wird. Der König ist kein Leugner, keiner, der auf Gott nicht hören will, ganz im Gegenteil. Gerade aber des Königs Frömmigkeit, sein Glauben also, macht ihn blind zu sehen und taub zu hören. Ahas hat seinen Gott in einem Bild eingefangen, was hier eben lautet: Gott darf man nicht versuchen. Doch – sagt der Prophet, man muss es sogar. Und wenn du, König, dich weigerst, werde ich dir das Zeichen verkünden: »Siehe, die junge Frau wird schwanger sein und gebären einen Sohn – und du wirst seinen Namen nennen: Immanuel.« (7,14). Hier endet die Verlesung in der Christnacht; d.h. würde statt der wunderbaren Jungfrau nur »die junge Frau« genannt, gäbe es überhaupt kein bemerkbares Zeichen: das Wunder bliebe aus. Es sei denn, das Wunder besteht eben darin, dass es ganz und gar alltäglich und also »normal« ist: eine junge Frau bekommt ein Kind – daran ist nichts Verwunderliches oder gar Ungewöhnliches; ein solches Zeichen würde uns an die Alltäglichkeit unserer Existenz verweisen, was zur Verkündigung der Weihnachtsbotschaft auch gut passen würde. Auch die Engel verkünden dem Hirten ein Zeichen: »ein Kind in Windeln gewickelt« – woran keineswegs der Heiland erkannt werden kann;

oder soll diese Alltäglichkeit des Wunders gerade das Wunderbare sein? Das Kind ist nicht zu unterscheiden von den Kindern: das heißt doch »wahrer Mensch«. So würde diese Lesung doch zur Christnacht gehören. Aber würde es die Gemeinde hören? Im Kontext von 7,1-17 folgt das Zeichen erst nach Vers 14: Bevor dieser Sohn zwischen gut und böse unterscheiden und wählen kann, werden diese beiden Könige, die jetzt Jerusalem in Angst und Schrecken versetzen, keine Macht mehr haben, denn ihre Länder werden verwüstet sein. Aber auch diese Aussicht, würde Ahas dies überhaupt glauben, wäre kein Grund zur Freude, denn der Herr wird gegen ihn und wider das Volk Tage des Unglücks bringen, wie sie noch nie gewesen sind »seit des Abfalls Ephraims von Juda« – durch den König von Assur. Es gibt also kein Entrinnen; kein Zeichen der Hoffnung. Angesichts dieses Scheiterns königlicher Politik, angesichts des Versagens der Ahas zur Verfügung stehenden menschlichen Möglichkeiten, angesichts der Unmöglichkeit auf Hoffnung – wird Glauben verlangt. Das heißt hier wirklich: in der Luft gehen. Wir verstehen, dass Ahas sich darauf nicht einlassen konnte: nur die Geschichte erzählt, dass es ihm nichts genützt hat. Als sich Ahas zu seinen Vätern legte, war er ein abhängiger Vasall von Assurs Gnaden. Was er erhalten wollte, das hatte er verloren. Jesajas Botschaft und Forderung: Verhalte dich ruhig und glaube, dass ER es gut ausführt, wäre wohl auch politisch die real-bessere Haltung gewesen. So erweist sich auch von »hinten« her Vers 9b als die entscheidende Aussage von c. 7,1-17: Wenn ihr nicht glaubt, dann werdet ihr nicht bleiben. So wird diese Geschichte um unseretwillen erzählt: prophetische Botschaft in dürftiger Zeit.

Zum Christfest wird mit Jesaja 11,1-9 einer der schönsten und größten Texte der Heiligen Schrift gelesen. Der große Schalom Gottes für Menschen, Tiere und Erde, Frieden und Heil also für die Schöpfung, wird angesagt. Gottes wunderbarer Frieden kommt für die ganze Kreatur, in der kein Leiden mehr sein wird. Denn es ist der Frieden des Himmels auf der Erde. Und dieser Friede kommt zart, das Reis aus dem Stamme Isais vermag kaum die Last der Vision zu tragen. Diese Sehnsucht nach dem Land, wo Gott wohnt, ist die Bedingung für unsere Gegenwart. Das Sein in der Zeit bekommt durch die angesagte Zukunft einen und ihren Sinn. Wie sollte man sonst das Leben aushalten? Sein ist Sinn. Das ist die gute Nachricht dieses Textes: um dieser Zukunft willen wird die Gegenwart ertragen und ausgehalten. Man muss um dieses Heil wissen, um im Heute nicht unterzugehen. Nur der Spross, der – o Wunder – schon Früchte tragen wird, ist zart und gebrechlich, wie wohl auch das Heil, das er bringt. Aber auf dem neuen König ruht Sein Geist – daher kommt ihm Weisheit, Einsicht, Gotteserkenntnis und Menschenliebe zu. Dieser König – und das ist Jesajas Protest gegen die Herrscher seiner Zeit und gegen die Tyrannen aller Zeiten – wird tun, was schon immer seines Amtes gewesen ist: er wird den Armen und Unterdrückten im Lande Heil und Gerechtigkeit widerfahren lassen, und – nun kommt mit Vers 4b die einzige strittige Stelle unseres Textes – »er wird schlagen die Erde mit dem Stab seines Mundes – und mit dem Hauch seiner Lippen wird er töten den Frevler.« – Im Lektionar wird ein anderer Text gelesen: »und er wird mit dem Stabe seines Mundes den Gewalttätigen schlagen und mit dem Odem seiner Lippen den Gottlosen töten.« Dies steht im revidierten Luthertext von 1964 – Luther aber hatte anders übersetzt: »Und wird mit dem Stabe seines Mundes die Erde schlagen«, strittig ist also die Lesung bzw. Übersetzung: »Erde« bzw. »Gewalttäter, Tyrann« (letzteres wird in der Zürcher Bibel gelesen: »er wird den Tyrannen schlagen«), d.h. also die Frage, ob »Erde« oder »Gewalttätiger« gelesen wird. Der Text der Biblica Hebraica ist ganz eindeutig: es muss »Erde« gelesen werden; eine andere Lesart ist nicht bezeugt; die Veränderung liegt ausschließlich in der Übersetzung; auch die griechische und lateinische Überlieferung bieten die richtige Lesung: Erde. Die Frage nach dem richtigen Text ist also leicht zu beantworten, die Frage nach der »richtigen Übersetzung« aber ist weit schwerer. Denn die Verkündigung des Endes und des Aufhörens aller Tyrannenherrschaft ist sachlich gesehen eine frohe Botschaft, die gut und genau zur Verkündigung und Wahrheit der Christnacht gehört. Denn es ist doch so: Gott stürzt alle Machthaber von ihren Thronen, alle Unrechtsherrschaft hat keine Zukunft mehr, die Unterdrückung und Ausbeutung von Mensch und Tier, die Plage der Schöpfung ist zu Ende. Das ist das Evangelium – und die Wahrheit »der anderen Lesart«, die im Leben und Glauben der Kirche und einer Gemeinde, die sich auf diesen Text vom Ende der Tyrannen beruft, ihr Recht und ihre Legitimation erfährt. Das heißt: auch der »falsche Text« wird durch das rechte Leben, die evangelische Existenz der Kirche in ihrer Geschichte zu einem »rechten Text«. Das bedeutet auch: der richtige Text kann nur durch eine neue, befreiende Wirklichkeit der rechten Lesart wieder hergestellt werden: die Lesung »Erde« also muss mit dem Leben der Gemeinde, mit der Existenz der Kirche in der Welt, erwiesen, aufgezeigt und beglaubigt werden. Auch die Erde also muss auf Sein Wort hören, auch die Erde ist auf ihn angewiesen. Das zeigt uns, dass wir – als Frevler an der Erde – mit dieser zusammengehören. Weil die Erde des Herrn ist, kann ihr auch verkündet werden: Heil und Unheil. Es ist schon wahr: »Land, Land, Land – höre des Herren Wort« (Jeremia 22,29). Gottes schöpfungsmächtiges Wort schafft Heil für Mensch und Erde, darum müssen Mensch und Erde auch hören. Dass uns solches Denken nicht vertraut ist, bedeutet nicht, dass es unmöglich ist. Wir sollen dem nachfragen, was Gottes ist … Der Heilskönig wird also die Erde bestrafen, wenn sie nicht bereit ist, und den Frevler töten, wenn er an Menschen und Erde frevelt. Denn das Heil wird für Mensch und Erde, für die ganze Schöpfung sein; diese darf »ihre Stunde« nicht versäumen. Wir müssen bereit sein, wenn er kommt – und die Erkenntnis des Herrn wird das Land bedecken. Und wenn Seine Erkenntnis im Lande ist, dann wird die kleine und unscheinbare »Wurzel Jesse« weithin sichtbar sein für die Völker der Welt – und die Völker werden diese Wurzel suchen, weil in ihr das Heil ist (Vers 10).

Mit der Lesung dieses Textes zur Weihnachtszeit behauptet die Kirche nicht, dass diese Heilszeit da ist, sondern dass die Wurzel sichtbar ist. Wir glauben, dass Jesus Christus der Spross ist, auf dem (in aller Zartheit und Zerbrechlichkeit) der Geist des Herrn ruht, und dass Er herrschen wird (diese Futurum ist nicht aufgehoben!) – aber die Erkenntnis des Herrn bedeckt noch nicht die Erde. Jener Tag steht noch aus.

Der hilflose König – der Messias nach Sacharja 9,9 und 10

Zum Messias geht man nicht, man kommt zu ihm.

Da, wo man alles zu kennen meint, liegen oftmals die größten Geheimnisse und Überraschungen verborgen: bei dem Menschen, den man liebt, in der Stadt, in der man lebt, in den Texten, die man seit altersher kennt …

Diese Gottesrede des Propheten Sacharja ist voller Überraschungen – und nicht so bekannt, wie sie klingt – und schon gar nicht vertraut, obwohl alles so traulich erscheint. Dieser Text riecht geradezu nach Advent – Ankunft also. Aber wer ist der, der da kommt? Kennen wir ihn? Oder meinen wir nur, es zu wissen? Wer ist der König?

Zuerst aber wird der Zion glücklich gepriesen und Jerusalem wird aufgefordert zu jauchzen, zu tanzen, zu jubeln und sich zu freuen. Es ist Freudenzeit, wenn dieser König kommt. Seine Ankunft wird von Gott selber angesagt, d. h. ER kommt gewiss, es bleibt nicht aus. Gottes Rede trügt nicht.

Freude zieht ein auch in unser Herz. Es kommt Jerusalems König. Die Zeit ist erfüllt: die Völker der Welt fassen einen Juden, eine Jüdin am Gewand, am Zipfel ihres Kleides: wir wollen mit euch gehen, denn bei euch ist Gott! (Sach 8,23). Er kommt zum Zion und schweiget nicht, er kommt mit seinem König, der Israels und aller Völker – also unser! – sein wird. Darum soll und wird Freude sein, Jubel und Gesang. Die Ankunft dieses Königs ist keine »besinnliche Zeit«, sondern ein rauschendes Fest. Dieser König wird ein Gerechter sein, ein Zaddik.

Aber wer oder was ist ein Zaddik? Vom Propheten Ezechiel (Ez 14,14) werden die paradigmatischen Gerechten, die Zaddikim, genannt: Noach, Daniel, Hiob. Gerecht gemacht hat diese, und dazu gehört im Alten Testament auch Abraham und im Neuen Testament Joseph, dass sie getan haben, was Gott ihnen gesagt und befohlen hat. Wer Gottes Wort in seinem Leben bewährt, der ist ein Zaddik. Dazu gehört auch der Gottesknecht nach Jesaja 53: wer Gottes Willen tut, wird leben und ein Gerechter genannt. Könige gehören nicht dazu, auch David nicht! Dieser kommende König ist also grundsätzlich anders als die »Könige von Israel und Juda« – er tut Gottes Willen, nicht seinen. Ein »anderer König« also. Der wird endlich tun, was Gott von ihm erwartet und was die Propheten zu allen Zeiten gefordert und erhofft haben.

Dieser »König der Freude« wird ein Gerechter sein – und ein: wir kennen den Text, er ist uns vertraut – aber es stimmt nicht! Jedenfalls nicht so und nicht hier! Kein Retter, kein Helfer, nicht siegreich, kein Salvator. Der König ist anders: Sach 9,9 steht kein Partizip im Aktiv, sondern im Passiv (also noscha) ! Kein Retter, sondern ein Geretteter, kein Helfer, sondern einer, dem geholfen werden muss – kein Mächtiger, sondern ein Ohnmächtiger. So kommt der messianische Herrscher, so kommt der Messias! Wir haben ein falsches Bild von IHM gepflegt. Dieser König braucht Gottes – und vielleicht auch der Menschen – Hilfe.

Darum ist er auch arm und reitet auf einem richtigen Esel, keinem Maultier, dies will der Text eindeutig klarstellen, und schon gar nicht auf einem Pferd: der Messias führt keine Kriege!

Darum wird und muss Gott – er ist das Ich und das Subjekt in Vers 10! – auch das Kriegsgerät zerstören, Streitwagen, Streitrosse auch, und den Bogen des Krieges. Der messianische König kommt im Zeichen des Regenbogens, kriegen wird man nicht mehr lernen! Der Krieg ist vorbei – und immer blüht der Mandelbaum und der Olivenhain.

Was aber ist das Amt des messianischen Königs? Er wird Frieden gebieten und verkünden: den Völkern! Das ist die ganze Revolution der Theologie: der Messias ist nicht für Israel, sondern für die ganze Welt, für alle Völker. Denen gilt Gottes und des Messias Shalom. Darum singen es auch die Engel auf dem Felde bei Bethlehem: Friede auf Erden! Wo sonst!?

Der Frieden ist Bedingung und Zeichen der messianischen Herrschaft. Wo Frieden nicht ist, kann der Messias nicht sein. Im Frieden erstreckt sich Seine Herrschaft über die ganze Erde, von einem Weltufer zum anderen – bis an der Welt Ende.

Der Messias ist der Anti-König. Das Wort für seine Weise des Herrschens ist nicht das für die Könige übliche Wort »malak«, sondern eine anderes: »maschal«. So erwartet der Prophet Micha (Micha 5,1) den kommenden Herrn aus Bethlehem, so soll nach Psalm 8 der Mensch in der Schöpfung regieren und so waltet Joseph in Ägypten: diese Herrschaftsform meine eine Sorgepflicht und eine Vorsorge, es ist die zärtliche, zum Leben führende und dieses erhaltende Form des Herrseins.

Dieser König bringt Leben, nicht Sterben und Tod. Insofern ist dieser Messias der Heiland der Welt!

In Jerusalem gibt es ein ganz besonderes Kloster, das »Kloster zum Heiligen Kreuz«. Dieses Kloster steht an jener Stelle, wo der christlichen Legende nach der Baum stand, aus dem das Kreuz Jesu gezimmert worden ist.

Da, wo der »Baum des Kreuzes« einst stand, ist heute ein Altar mit einem orthodoxen Crucifixus: über dem Abbild des Erlösers steht der Titulus, die Kreuzesinschrift in griechischer und lateinischer Abkürzung, wie es sich gehört: INRI – Jesus von Nazareth, König der Juden. Dazu aber will der hebräische Text nicht passen, der eine ganz andere Buchstabenfolge aufweist, also hebräisch gedacht steht hier nicht: Jesus von Nazareth, König der Juden.

Was aber haben sich diese »Klosterväter« damals im 4. Jahrhundert bei dieser Inschrift gedacht? (Dies hat meines Wissens bisher noch niemand aufgeklärt) Die Antwort findet sich meines Erachtens in unserem Text, in Sach 9,9 und 10! Danach lautet diese Abkürzung: »Arm und hilflos der König Israels«:!

Der Messias am Kreuz, der gekreuzigte Christus: das ist die christliche Interpretation von Sach 9,9 und 10. Der Messias ist gekommen – und fand keine Hilfe. Sein messianisches Reich des himmlischen Friedens auf Erden steht noch aus.

Wir warten Sein.

Ex Maria Virginae – ein Bild von Salvador Dali

Einiges zur Biographie: Dali ist am 11. Mai 1904 in Figueras, Gerona in Katalonien geboren, am 23. Januar 1989 ist er gestorben und in seinem Geburtsort beerdigt und beigesetzt.

Seine Bilder sind zu allen Zeiten seiner Heimat, der Gegend von Cadaques, verpflichtet, die durch ihn zur Welt geweitet wird. Dali versteht sich als Surrealist: die sur-reale Welt allein ist die re-

Salvador Dali:
Ex Maria Virginae
© VG Bild

ale Welt: die Welt ist nicht, was sie ist, sondern wie ich sie erleide, erlebe und ansehe. Dali über Dali: ein Christ muss Monarchist sein – und zugleich Anarchist. So definiert er sich auch.

Nahe bei Jerusalem ist ein Gasthaus. Das heißt »Zum Walkerfeld«. Ob das eine Geschichte ist?

Und ob – es ist so. Auf dem Walkerfeld bei Jerusalem werden jene großen Worte des Propheten Jesaja gesagt, die bis heute unser Weihnachtsfest und unser Glaubensbekenntnis prägen: »Siehe, eine Jungfrau wird schwanger werden und einen Sohn gebären!«

Ein unerhörter Satz. Voller Hoffnung. Voller Zweifel. Wir aber leben (doch!) von den Dingen, die (eigentlich) nicht gehen. Das Unglaubliche trägt unsere Welt, eröffnet uns Zukunft.

Das zeigt Dali auf seine Weise. Wir sehen zunächst Farben: grau, rotbraun, rötel, blau und wer weiß, kaum Konturen: als bedürfen wir der Muße, Zeit zu sehen, wo wir sowieso nichts verstehen. Denn die Geburt des Kindes bleibt ein Geheimnis. Geheimnisse versteht man nicht, man lebt mit ihnen.

Groß weht ein Gewand, der Mantel Gottes: Wir sehen nicht ihn, wir sehen (höchstens, wie Jesaja!) den Saum seines Gewandes. Hier aber noch mehr: eine ausgestreckte, behütende und wegweisende Hand.

Wir suchen unsere Wege nicht, wir werden geführt. Wir gehen auf Seinen Wegen.

Die Zukunft ist ein unbeschriebenes Blatt – uns nicht vor Augen – aber in seinem Schutz. Gott ist ein da seiender, ein mitgehender Gott.

Unter dem göttlichen Arm: die Frau, das Kind auf dem Arm, ausgeliefert und geborgen zugleich.

Wir sehen ein doppeltes Wagnis: die Frau, allein, unehelich geboren, und das Kind, was nicht aufwachsen kann ohne Mutterliebe, ohne eine führende Hand. Wie sollte es sonst lernen zu gehen, aufrecht zu stehen, zu vertrauen!

So vertraut auch Gott der Liebe der Mutter und ihrer Kraft. Das heißt doch: Auch der Heiland wäre nicht ohne seine Mutter. Diese ist dadurch ausgezeichnet vor allen Frauen. Ob man glaubt oder nicht: Es ist Geschichte. Es hilft auch nichts, das griechisch verstandene »Jungfrau«, was in der Septuaginta tatsächlich steht, gegen das Wort »junge Frau« in der Biblica Hebraica auszutauschen. Damit ist nichts gewonnen und kein Problem gelöst. Das Wort »Jungfrau« sagt nämlich nichts über das Alter, junge Frau schon. Es wird wohl eine junge Frau geben, die eine Jungfrau ist! Rahel, z. B. Gen 29,9ff oder Rebekka, Gen 24,43, wo das Wort »junge Frau« selbstredend auch eine Jungfrau meint.

Mit Worten wird das Geheimnis der Geburt des Christus, die Inkarnation also, nicht gelüftet. Darauf kommt es doch an: das Geheimnis der Jungfrauengeburt aufzunehmen in das glaubende Herz.

Der Gott, der Himmel und Erde geschaffen hat, sollte nicht sagen können »es sei« und »es geschieht«!?

Dali versucht das Unsichtbare anschaubar, nicht sichtbar, zu machen.

Insofern wirkt dieses Bild wie eine Ikone: Es öffnet ein Fenster zum Himmel und seiner Wirklichkeit. Zugleich will das Bild verführen, es auf der Erde auszuhalten, hier zu bleiben, weil wir um den Himmel wissen. So geht die Frau ihren Weg, der Sohn wird den seinen gehen – gehen wir den unseren – in der Zuversicht, unter Seinen Armen geborgen zu sein.

Biographische Notizen

Dr. Gerhard Begrich *1946 bei Halberstadt. Rektor des Pastoralkollegs der Evangelischen Kirche der Kirchenprovinz Sachsen im Kloster Drübeck

Dr. Frauke Büchner *1943 in Zittau. Dozentin am Pädagogisch-Theologischen Institut Kloster Drübeck

Susanne Drewniok *1958 in Loccum. Dozentin am Pädagogisch-Theologischen Institut Kloster Drübeck

Carsten Haeske *1963 in Burgsteinfurt. Dozent am Pädagogisch-Theologischen Institut Kloster Drübeck

Dr. Matthias Hahn *1958 bei Hannover. Direktor des Pädagogisch-Theologischen Instituts Kloster Drübeck

Helge Klassohn *1944 in Riga. Kirchenpräsident der Evangelischen Landeskirche Anhalts

Axel Noack *1949 in Biesnitz. Bischof der Evangelischen Kirche der Kirchenprovinz Sachsen

Dr. Athanasius Polag OSB *1939 in Frankfurt/M. Benediktinerprior Kloster Huysburg

Bitte beachten Sie auch die folgenden Seiten

Lieferbare Radius-Bücher. Eine Auswahl

Gerhard Begrich: Gilgamesch. König und Vagant
Begrich / Uhle-Wettler: Vergessene Texte. Assoziationen
- Mit den 5 Büchern Mose durch das Kirchenjahr
- Mit den Propheten durch das Kirchenjahr
- Mit den Psalmen durch das Kirchenjahr
- Mit den Apokryphen durch das Kirchenjahr

Peter Bichsel: Möchten Sie Mozart gewesen sein?
Helmut Braun: »Ich bin fünftausend Jahre jung«
Rose Ausländer. Zu ihrer Biographie
Ester Breuer: Senfkorn und Feigenbaum
Eine jüdische Auslegung der Himmelreichsgleichnisse Jesu
Wolfgang Erk (Hg.): Literarische Auslese
Texte für jeden Tag des Jahres
Wolfgang Erk (Hg.): Für diesen Tag und für alle Tage
Deines Lebens. Ein Brevier
Wolfgang Erk (Hg.): Literarisches Geburtstagsbuch
Für heute und morgen. Immerwährender Kalender
Richard Exner: Gedichte 1953-1991
Richard Exner: Ufer. Gedichte 1999 - 2003
Helmut Franz: Diaspora. Der Ort des Christseins in der Welt
Eine Streitschrift gegen das Bündnis von Macht und Religion
Helmut Franz: Die Geburt Abrahams. Zur Ankunft des Subjekts in der Geschichte
Traugott Giesen: Gott weiß. Zwölf Anregungen für Lebensmut
Traugott Giesen: Hiersein ist herrlich
Traugott Giesen / Hans Jessel: Sylt für die Seele
45 Texte. 45 Farbfotos
Hannah Green: Ich hab dir nie einen Rosengarten versprochen
Uwe Grüning: Unzeitige Heimkehr
Peter Härtling: Für Ottla. Erzählung
Peter Härtling: kommen - gehen - bleiben. Gedichte
Peter Härtling: Das Land, das ich erdachte. Gedichte 1990-1993
Peter Härtling: Vor Bildern. Für Maler. Porträts in Worten
Dirk Heinrichs: Fallkraft der Feigheit
Dirk Heinrichs: Den Krieg entehren
Sind Soldaten potentielle Mörder?
Hartmut von Hentig: Kolumnen
Klaus-Peter Hertzsch: Laß uns vorwärts in die Weite sehn
Texte am Rand meiner Biographie
Klaus-Peter Hertzsch: Sag meinen Kindern, dass sie weiterziehn
Erinnerungen

Klaus-Peter Hertzsch: Der ganze Fisch war voll Gesang
Reinhard Höppner: Wandern über das Wasser
Begegnungen zwischen Bibel und Politik
Walter Jens: Pathos und Präzision. Texte zur Theologie
Walter Jens: Das A und das O. Die Offenbarung
Walter Jens: Der Römerbrief
Walter Jens: Die vier Evangelien
Walter Jens: Der Teufel lebt nicht mehr, mein Herr!
Erdachte Monologe - Imaginäre Gespräche
Eberhard Jüngel: Anfänger
Herkunft und Zukunft christlicher Existenz
Eberhard Jüngel: Beziehungsreich. Perspektiven des Glaubens
Eberhard Jüngel: ...weil es ein gesprochen Wort war... Predigten 1
Eberhard Jüngel: Geistesgegenwart. Predigten 2
Eberhard Jüngel: Schmecken und Sehen. Predigten 3
Eberhard Jüngel: Unterbrechungen. Predigten 4
Eberhard Jüngel: ... ein bißchen meschugge ... Predigten 5
Eberhard Jüngel: Zum Staunen geboren. Predigten 6
Rudolf Kautzky: Euthanasie und Gottesfrage
Medizinethische Texte und theologische Provokationen
Otto Kaiser: Jenseits des Nihilismus
Christliche Existenz nach der Postmoderne
Reiner Kunze: Die Aura der Wörter. Denkschrift
zur Rechtschreibreform. Mit einer Zwischenbilanz
Gerd Lüdemann / Martina Janßen: Bibel der Häretiker
Nag Hammadi
Gerd Lüdemann / Alf Özen: Was mit Jesus wirklich geschah
Die Auferstehung historisch betrachtet
Henning Luther: Religion und Alltag
Bausteine zu einer Praktischen Theologie
Kurt Marti: Fromme Geschichten
Kurt Marti: geduld und revolte. die gedichte am rand
Kurt Marti: Die gesellige Gottheit. Ein Diskurs
Kurt Marti: gott gerneklein. gedichte
Kurt Marti: Der Heilige Geist ist keine Zimmerlinde
Kurt Marti: Prediger Salomo. Weisheit inmitten der Globalisierung
Kurt Marti: Die Psalmen. Annäherungen
Kurt Marti: Ungrund Liebe. Klagen, Wünsche, Lieder
Kurt Marti: Von der Weltleidenschaft Gottes. Denkskizzen
Gerhard Marcel Martin: Das Thomas-Evangelium
Eberhard Müller: Rehabilitation der Sünde. Der Grundriß der
Schöpfung. Neue Perspektiven im Schnittfeld von Quantentheorie und Schöpfungstheologie

Jörg Oberbeckmann / Michael M. Schönberg (Hg.):
Gestorben und begraben – und siehe, sie leben!
Nachrufe auf Theologen
Gottfried Orth: Wie im Himmel so auf Erden
Das Vater unser heute beten und verstehen
Ingeborg Ronecker: Jerusalem Jahre. Von Intifada zu Intifada
Karl-Heinz Ronecker: Friede sei in deinen Mauern
Jerusalemer Predigten
Martin Scharpe (Hg.): Jesus unter Dichtern
Ein literarisches Evangelium
Wieland Schmied: Wohin geht die Reise der Kunst? Essays
Michael M. Schönberg: Von oben herab. 32 Text-Erhebungen
Friedrich Schorlemmer: Den Frieden riskieren
Sätze und Grundsätze, Pamphlete und Predigten
Friedrich Schorlemmer (Hg.): Mein Bibeltext
45 Beiträge Prominenter Zeitgenossen
Olaf Schumann (Hg.): Zentrale Texte des Glaubens
Adelheid Skambraks: … bis der Abschied nicht mehr so weh tut
Geschichte einer Pfarrfrau
Volker Sommer: Das grüne All. Ein Poem aus dem Regenwald
Fulbert Steffensky (Hg.): Nicolaigasse
Der Pfarrer und das Pfarrhaus in der Literatur
Angelika Stein: Auf der Suche nach Jacques. Erzählung
Angelika Stein: Das erleuchtete Fenster. Erzählung
Angelika Stein: Shiva tanzt. Erzählung
Klaus von Stieglitz: Einladung zur Freiheit
Gespräch mit der Anthroposophie
Holger Tiedemann: Die Erfahrung des Fleisches
Paulus und die Last der Lust
Holger Tiedemann: Paulus und das Begehren
Iwan S. Turgenjew: Mumu. Erzählung
Rosemarie Wagner-Gehlhaar (Hg.): Was glauben Sie?
60 Prominente antworten
Hanna Wolff: Jesus als Psychotherapeut. Jesu Menschenbehandlung als Modell moderner Psychtherapie
Hanna Wolff: Jesus der Mann
Die Gestalt Jesu in tiefenpsychologischer Sicht
Hanna Wolff: Der universale Jesus
Die Gestalt Jesu im kulturell-religiösen Umfeld Indien

Radius-Verlag · Alexanderstraße 162 · 70180 Stuttgart
Fon 0711.607 66 66 Fax 0711.607 55 55
www.Radius-Verlag.de e-Mail: radiusverlag@freenet.de